바로 지금이
너의 멋짐을 보여줄 때
: 주제 탐구 수업 이야기

바로 지금이 너의 멋짐을 보여줄 때
: 주제 탐구 수업 이야기

초판 발행	2023년 12월 13일

글·그림	이남실
편집디자인	이송이, 이현정

발행인	함의영
발행처	피치마켓
주소	서울시 강남구 테헤란로33길 18, 6층
전화	02)3789-0419
이메일	peachmarket@peachmarket.kr
홈페이지	www.peachmarket.kr
ISBN	979-11-92754-26-0

ⓒ 2023 피치마켓

본 책의 저작권 및 판권은 피치마켓에 있습니다. 이 책은 저작권법에 따라 보호를 받는 저작물이므로 무단 전재나 복제를 금합니다.

연두와 아이들이 함께한 1년의 기록

바로 지금이
너의 멋짐을 보여줄 때
: 주제 탐구 수업 이야기

글·그림 이남실(연두)

추천사

어린이, 처음 하는 경험이 많은 사람
이종필 초등학교 특수교사

아이들은 서서히 변한다.

어른들은 그 사실을 자주 잊는다. 좀 더 빨리 깨우쳤으면 좋겠고, 남들보다 잘했으면 좋겠고, 적어도 뒤처지지 않았으면 좋겠다는 어른들의 욕심은 아이들 스스로 생각하고, 판단하고, 행동할 시간을 주지 않고 학원으로 사교육으로 다양한 체험이라는 이름으로 몰아친다.

빨리빨리의 시대에 연두와 네 아이들의 이야기는 아이들과 함께하는 어른은 어떠해야 하는지 찬찬히 돌아보게 한다. 아이들과 주고받는 말, 아이들의 표정을 읽고 살피는 말,

넘치지도 않고, 무심하지도 않지만 따뜻함이 배어 있는 말들이 아이들에게 스며들어서 딱딱했던 마음을 말랑말랑하게 하고, 긴장했던 마음을 편안하게 한다. 마음이 말랑말랑해지고 편안한 관계가 되면 아이들은 자신의 마음을 내어놓으며 다른 사람들과 교류하고 호기심 넘치는 마음으로 자유롭게 세상을 탐구한다. 타임머신을 타고 먼 과거의 이야기 속에 쏙 빠졌다가, 다시 우주선을 타고 반짝이는 별을 탐구한다. 깊은 바닷속 흉내문어도 찾아보고 지구 반대편에 있는 작은 마을도 가 본다. 전우치의 축지법을 부러워하다가 어린 왕자가 되어보기도 한다. 아이들의 세계는 아주 좁은 듯하면서도 아주 넓다. 아이들의 세계가 얼마나 무궁무진한지 안다면 우리는 아이들을 존중하지 않을 수 없다. 아이들이 보여주는 행동은 그 넓은 세계의 아주 작은 단면일 뿐이다.

"노력할 거예요."

 이 글의 파랑이처럼 아이들은 세상을 배우고, 자신을 다듬기 위해 노력한다. 이 글의 저자 연두는 아이들의 행동뿐 아니라 그 이면에 있는 잘하고 싶은 마음, 망설이는 마음을 잘 헤아리는 어른이다. 아이들 스스로 자신의 마음속에 있는 멋진 씨앗을 알아보고 물을 주며 싹을 틔울 수 있도록 토양을 함께 일궈주는 따뜻한 어른이다. 저자 연두는 아이들을 '처음 하는 경험이 많은 사람'이라고 말한다. 아이들 곁에 있는 어른은 어쩌면 아이들의 그 처음을 함께 하는 사람인지도 모르겠다.

이 글은 연두와 네 명의 어린이가
단풍이 예쁜 가을에 만나
코로나로 몸도 마음도 추운 겨울을 보내고,
딸기를 심는 봄을 지나,
살짝 땀이 나는 초여름에 걸쳐 서로를 알아가고 물들어 가는
다섯 빛깔이 어우러지는 이야기이다.

  개성 넘치는 아이들과 잔잔하지만 풍요로운 만남을 꿈꾸는 사람들에게 이 책을 추천한다.

추천사

연두는 아이들을 예술가로 만드는 마법사다
김현수 명지병원 정신건강의학과 교수, 성장학교 별 교장

아이들이 어떻게 좋은 선생님과 지내면 멋진 예술가들이 될 수 있는지 이 책을 읽으며 알게 되었다. 피카소는 모든 어린이들은 예술가라고 했다. 하지만 우리 아이들의 현실은 그렇지 않다. 그런데 어느 날 연두라는 마법사가 나타나서 아이들에게 숨겨진 예술적 재능을 불러일으키는 마법을 부린다. 이 책에서 각 장마다 마법이 펼쳐진다. 그 재미가 찰지다.

아이들이 어떻게 여러 활동에서 제각각 개성을 펼치고 다양하게 자신의 색깔을 반짝일 수 있는지 활동과 수업마다 나타나고 있다. 연두는 내가 전공한 프레네 교육에서 교사의 활동에 대한 큰 원칙 몇 가지를 확실히 실천하고 있었다. 교사는

가능하게 하는 사람이라는 프레네 교사론을 실천하고 있었고, 형식은 교사가 정하지만 내용은 학생들이 채워가도록 한다는 수업론도 멋지게 실천을 하고 있었다. 좋은 예술가인 연두가 학생들에게 제안하는 형식은 아이들이 충분히 배우고 즐기고 산 지식이 되도록 하는 과정임을 매 수업 속에서 발견한다. 그리고 그 과정에서 아이들이 재미있게 자신을 발견하고 친구들을 발견해 나간다. 곰곰이 들여다보니 예술적이기만 한 것이 아니라 이것은 철학이 아닌가.

수업에서 다룬 소재는 철학적이기까지 하다. 연두가 철학자인 것을 이 에세이를 통해서 알게 되었다. 생각하는 법도 가르쳐주고, 생각할 주제에 대해서도 나누고, 아이들이 뿜어내거나 발화하는 내용들을 더 고양시킨

관점에서 설명하고 이해하게 도우면서 통찰을 경험하게도 해준다. 꽤 격조 높은 수업들도 이 에세이에 담겨있다.

하지만 어떤 이야기도 현실을 겉돌거나 공허하지 않다. 흔히 예술, 철학적이면 오직 선생님의 앞서감을 힘겹게 따라가는 학생들의 고생이 자주 발견되곤 했는데, 연두의 작업에서는 이런 피곤함과 힘겨움이 없다. 가볍지는 않지만 경쾌하다.

그러고 보니 연두는 탁월한 관찰자이면서 이야기꾼이라 자기 수업의 이야기를 이렇게 재미있게 재구성할 수 있는 힘이 있었던 것이다. 아이들과 함께 지낸 이야기를 구성하면서 아마 아이들에 대한 정리도 되고, 본인 자신의 관찰과 경험의 통합도 이루어졌으리라 생각한다. 그래서 이 이야기들은 재미와 함께 통찰을 준다.

또 하나 연두의 이 에세이는 특별한 감성을 전해주는데, 그것은 돌봄의 손길이 모든 수업과 활동들에 존재하고, 각 이야기마다 연두스런 따뜻함이 담겨 있다. 최근 돌봄과 가르침을 분할해서 이해하는 경향이 있는데 실제로는 두 가지의 다른 길이 있는 것이 아니라 돌봄과 보살핌을 통해 가르침으로 나아갈 수 있다는 이론을 주장하는 사람도 많다. 돌봄, 보살핌에 기반해서 마음 문이 열렸을 때 가르침이 꽃을 피운다는 이론은 요즘 각광을 받고 있는 사회정서 학습의 원조라고 할 수 있는 예일대의 제임스 코머라는 정신과 의사가 오래전에 입증한 이론이다. 그는 "의미

있는 관계없이 의미 있는 배움은 없다"고 했다. 파랑, 빨강, 보라, 민트에 더한 연두와의 작업이 담긴 이 드라마 시리즈는 작은 영화로 만들어져도 좋겠다. 그러면 많은 사람들이 시, 노래, 그림이 담긴 철학이자 예술이자 돌봄과 보살핌인 엄청난 수업 에세이를 더 실감나게 만날지도 모르겠다.

그림도 잘 그리지, 작사도 잘하지, 이렇게 수업도 잘하는 연두가 갑자기 좀 얄미워진다. 하하하... 시간이 갈수록 연두는 못하는 것이 뭐지? 라는 생각이 든다. 연두의 마법 같은 수업에 많은 사람들이 빠져들기를 바란다.

서문

누구나 잘 배울 수 있다는 믿음
: 주제 탐구 수업이 궁금한 사람들에게

피치마켓 김수희

학교도 안(못) 가고, 식당에서 밥을 먹을 때도 인원 제한이 있던 2020년이었습니다. 코로나19라는 상황을 처음 만나, 걸리면 얼마나 아픈지 어떻게 대처해야 하는지 아는 바가 없어 모두 우왕좌왕하던 때였지요. 경험이 쌓인 지금은 그때처럼 엄격하게 만남과 활동을 제한하지 않지만 그때는 우리 모두 처음 겪던 상황이라 모든 게 조심스러웠습니다.

'기초학력이 떨어진다', '관계 형성이 어렵다' 우려가 컸지만 그중에서도 더욱 배움의 여건이 어려운 사람들이 있었습니다. 활동 지원이 필요한 장애인들, 경제적으로 특히 취약한 가정의 아이들, 온라인 교육을 듣기 어려운 조건에 있는 학생들…. 그중에 보육원 아동들도 있었어요. 초등학교

저학년 아동이 컴퓨터 앞에 얌전히 앉아 온라인 수업을 듣는 일은 결코 쉬운 일은 아니었죠. 게다가 동시에 여러 아이들을 챙겨야 하는 보육원 생활지도원이 온라인 교육까지 잘 챙기긴 특히 어려웠다고 해요. 돌보는 모든 아이들이 동시에 온라인 수업에 접속해야 하니 기기도 부족했고요. 안 그래도 다수와 함께 듣는 수업 시간에 소외되기 쉬운 아이들이라 온라인 수업에서 겪는 어려움은 더욱 많았습니다.

이 이야기는 코로나19가 한창 유행하던 시기에 진행한 피치마켓의 교육 프로젝트 속 연두와 아이들의 이야기입니다. 진작부터 준비하고 있었지만 상황이 조금이라도 나아지기를 기다리다가 결국 가을에 처음 수업을 시작하게 되었어요. 이 수업의 큰 목표는 두 가지였어요. 책을 읽고 충분히 대화하며 글을 친숙하게 접하고, 이 과정을 통해 다른 사람의 말을 잘 듣고 내 생각도 잘 말하게 되는 것(의사소통 태도 개선)이 그 첫 번째입니다. 두 번째는 수업 시간에 집중을 잘하지 못하거나, 실수를 한다고 지적을 자주 받거나, 수업 내용이 너무 어려워 잘 따라가지 못했던 친구들이 이 시간만큼은 주인공이 되어 주도적으로 수업 내용을 채우고 탐구해 나가는 과정을 통해 자기 효능감을 높이는 것입니다.

프로그램의 이름은 '이야기가 있는 주제 탐구'로 지었습니다. 주제 탐구(주제 중심)는 하나의 주제를 다양한 방식으로 탐구해 보는 수업입니다. 전통적인 교과 중심, 전달 중심 수업은 교사 주도성이 강하다면, 주제 탐구 수업에서는 학생들이 더욱 주도적으로 학습할 수 있습니다. 학생들이 주제에 관해 탐구할 내용과 방법을 스스로 찾아낼 수 있도록 교사는 안내자와 촉진자의 역할을 하는 거죠.

교재는 쉬운 글 주제 탐구 도서 『월간 피치서가』(구 리북)로 정했습니다. 『월간 피치서가』는 주제 탐구 도서로 한 가지 주제를 중심으로 문학, 지식, 정보, 뉴스, 사회성 등 다양한 이야기를 다루는 책입니다. 피치마켓은 단순히 글을 쉽게 쓰는 것뿐만 아니라 스토리와 함께 상황을 맥락적으로 전달하려고 합니다. 느린학습자들이 글을 읽는 데 그치지 않고, 자신의 생활에 빗대어 떠올리고 적용해 보며 책에만 있는 이야기가 아니라 나와 관련있는 '진짜' 이야기로 받아들이기를 바라기 때문입니다. 위에서 이야기한 목표를 달성하기 위해서는 아이들이 자신을 중심으로 나를 둘러싼 세계를 자기 힘을 가지고 탐구할 수 있어야 한다고 생각했어요.

이때까지 출간된 『월간 피치서가』 도서를 쭉 살펴보며 어떤 주제를 연결하면 좋을지, 수업을 진행한 교사들이 모두 함께 고민했습니다. 우리가 수업할 수 있는 횟수를 고려해 아이들이 흥미를 가지고 시작할 수 있는 주제들을 중심으로 골랐습니다. 주제 그 자체를 자유롭게 흠뻑 탐구하는 것도 충분히 의미 있지만, 이 수업은 분명한 대상과 목표가 있었기 때문에 한 주제를 탐구하는 동안 교사가 핵심적으로 나누고 싶은 개념들을 따로 설정해 두었어요. 주제와 핵심 개념은 다음과 같습니다.

NO.	주제	핵심개념	수업 회기
1	시간	나	1~4회기
2	초콜릿	감각	5~8회기
3	쌀	돌고 도는 에너지	9~12회기
4	불	물질	13~16회기
5	점	언어	17~20회기
6	나무	생태	21~24회기
7	시장	터전	25~28회기
8	별	우주	29~32회기
9	거울	나의 세계	33~36회기

아이들에게 굳이 핵심 개념을 설명하지는 않았습니다. '시간', '초콜릿', '쌀' 등 우리 주변에서 흔히 접할 수 있는 주제들을 던져주며 자유롭게 내용을 채울 수 있도록 했습니다. '시간'을 탐구하며 나에 대해 생각해 보고, 여러 맛과 향의 초콜릿을 탐구하며 나와 세상을 연결하는 감각을 탐구해 보고, 쌀에 얽힌 여러 이야기를 읽으며 내가 어디에서 에너지를 얻고, 그렇게 얻은 에너지를 어디에 쓰고 있는지 이야기를 나누었습니다.

불을 통해 세상을 이루고 있는 물질에 호기심을 가져 보고, 점이라는 시각적인 요소가 어떻게 기호화되어 언어를 이루는지, 우리 주변의 작은 나무 한 그루가 큰 생태계와 어떻게 연결되었는지 탐구해 보았죠. 우리 동네 시장을 떠올리며 내가 자주 가는 주변 공간을 탐색하고, 별과 함께 저 멀리 우주까지 공간을 확장해 보기도 했습니다. 나에서 시작해서 우주까지 아주 큰 세계를 둘러보고 결국 가장 소중한 나를 다시 확인하는 흐름을 만들었습니다.

 아마 아이들은 1년 동안 이렇게 어마어마한 공부를 했다고 생각하지 않을지도 몰라요. 그저 매시간 재미난 이야기를 읽고 시를 써 보고, 초콜릿을 맛보고, 모종을 심어 보고, 과학 실험을 했다고 생각할 거예요. 그 과정에서 내가 낸 의견이 실험 주제로 결정되고, 엉뚱한 이야기를 해도 주제와 연결만 된다면 진지하게 탐구도 해 보고, 함께 수업 듣는 친구들과 의견이 맞지 않아 큰 소리도 내 보고, 다른 사람의 이야기를 잘 들으면 다른 사람들도 내 이야기를 잘 듣게 된다는 것을 알게 되었습니다. 책 읽기는 정말 싫다고 했던 친구도 다음 주제가 무엇인지 궁금해하고, 주제마다 풍성한 생각그물을 그리게 되었습니다.

 종종 쉬운 글을 중심으로 주제 탐구 수업을 하는 방법에 대한 교사 연수를 진행하는데요, 그때마다 주제를 어떻게 선정하고 핵심 개념을 어떻게 저렇게 연결시켰는지를 묻는 선생님들이 계셨습니다. 돌이켜 생각해 보면 몇 가지 중요한 원칙이 있었어요. 이 수업을 진행하는 교사들이 머리를 맞대고 함께 고민한다는 것과, 교사들이 가르치고 싶은 내용이 아니라 현재 아이들의 상황에서 중요하게 다루어져야 할 것을 고르는 것이 그것입니다. 그리고 조건과 환경만 잘 갖춰진다면 누구나 잘 배울 수 있다는 믿음입니다. 물론 믿음만으로 교육이 이루어지는 것은 아닙니다. 그렇다면 또 무엇이 필요할까? 궁금하다면 이 책을 천천히 넘겨 보세요.

목차

추천사　어린이, 처음 하는 경험이 많은 사람
추천사　연두는 아이들을 예술가로 만드는 마법사다
서문　　누구나 잘 배울 수 있다는 믿음

1 시간

01 파랑 빨강 보라 민트
02 미안하면 미안하다고 말하세요
03 시간을 벗어날 수도 있어요?
04 시간이 지나도 변하지 않았으면 하는 것

2 초콜릿

01 싼타할아버지 진짜 너무하네
02 그 뭐냐, 그거, 그거!
03 벚꽃 향 초콜릿, 구름 냄새
04 맨날 듣고 싶은 소리

3 쌀

01 닭 키운 사람, 그릇 만든 사람
02 떡이 시려워, 떡!
03 채팅창을 보세요!
04 나는 힘이 세다, 그 힘으로

4 불

01 화면 너머의 아이들
02 집이랑 집이랑 합하면 마을이 된다
03 이게 뭐 이렇게 신날 일인가
04 불은 잘못이 없습니다

5 점

01 다 숨었으면 신호를 보내자
02 글자가 없으면... 공부를 안 해도 돼!
03 아끼지 말고 부지런히 써야 하는 말
04 왜 짜증이 나는지 모르겠어요

6 나무

01 사람이 나무에게 주는 것은?
02 그렇다고 치자나무
03 말이 씨가 되게
04 나무젓가락을 뿐지를 때

7 시장

01 시장에는 놀이터가 없네
02 파랑아, 행복하게 잘 지내
03 여기가 거기예요
04 내가 살고 싶은 세상

8 별

01 지구가 사라지면 어떡해요?
02 피파라스, 파타고라스, 피타가라스
03 별 하나에 소중함, 엄마
04 친구들이 해치워 줄 거예요

9 거울

01 몰라도 괜찮아
02 누구를 용서하고 싶어요
03 나는 내가 정말 좋다
04 파랑이도 끼워주고 싶어서

에필로그   마음껏 멋짐을 펼칠 수 있는 세상

1. 시간

01
파랑 빨강 보라 민트

아이들을 만나는 첫날, 주변을 둘러보고 싶어 일찍 출발했다. 시장을 지나 언덕을 오르며 아이들이 여기를 자주 지나다니겠군, 생각한다. 지도를 보면 숲이 있다는데 언덕 꼭대기에는 아파트만 빼곡하다. 저 많은 집에도 아이들이 살겠지. 다행히 볕 잘 드는 작은 공터도 있고 나무랑 꽃도 제법 있다. 가끔 아이들과 같이 나와 볕을 쬐기 딱 좋은 비탈이다.

오늘 수업을 참관하는 자홍 님을 만나 함께 들어갔다. 지난주 미리 방문했을 때 인상 좋았던 담당자 H가 우리를 맞아주었다. 수업 장소인 도서관에 들어가 준비와 진행에 관해 H와 몇 가지 상의를 했다. 이어서 책상과 화이트보드 위치를 잡았다. 문이 안 보이게 앉아야 덜 산만하다. 보드에 수업 제목 '이야기가 있는 주제 탐구'와 <예쁘지 않은 꽃은 없다> (이창희 시)노랫말을 적었다. 그래도 시간이 좀 남았다.

문이 열리고 아이가 들어온다. 뒤따라 또 한 아이가 들어온다. 드디어 시작이다. 인사 나누고 통성명을 한다.
"난 연두라고 해요. 선생님 말고 그냥 연두라고 불러 줘요. 선생님은 많이 만날 테니까."
마침 한 아이가 연두색 옷을 입고 왔다. 둘 다 3학년이고 이름이 뭔지 이야기하는데 문이 확 열린다. 웬 남자아이가 머리만 빼꼼 안을 들여다본다. 연두색 옷 입은 아이의 오빠다. 지난주에 들었다. 세 남매가 이곳에 같이 있는데 동생들을 살뜰히 살핀다는 바로 그 오빠다. 수업을 한다니 궁금했나 보다. 인사를 나눌 새도 없이 흘깃 보더니 나간다.

첫 수업을 참관하던 H가 남자아이 둘이 치과 치료가 안 끝나 늦는다고 알렸다. 언제 올지도 모른다. 처음부터 계획이 어긋났다. 첫 시간을 함께 시작하지 못하는 건 치명적이다. 어쩐다? 노래를 먼저 배워서 나중에 오는 아이들에게 가르쳐 주자니까 아이들이 좋단다.

꽃은 참 예쁘다
풀꽃도 예쁘다
이 꽃 저 꽃
저 꽃 이 꽃
예쁘지 않은 꽃은 없다

유튜브에서 노래를 들어보고 몇 번 따라 불렀다. 정말 예쁘지 않은 꽃은 없을까 물었더니 그렇단다. 해바라기를 좋아하는 아이도, 장미를 좋아하는 아이도 세상 모든 꽃은 예쁘다고 한다.

곡이 익숙해진 다음, <이 꽃 저 꽃 저 꽃 이 꽃>에 수업할 아이들 이름을 넣고 두 번 더 불러 봤다. 만나는 날마다 시작하는 노래로 삼을 거라고 알려 주었다. 이번엔 예쁘지 않은 사람도 없나 물으니 또 그렇단다. 그렇지. 크거나 작거나 붉거나 하얗거나 꽃이 다 예쁘듯 사람도 이래야 예쁘다는 편견만 없으면 모두 다 예쁘지.

그래도 두 아이가 아직 안 온다. 계속 진행을 하면 타임캡슐을 어쩐담? 손을 그려 자기소개를 하고 이걸 타임캡슐 유리병에 담아 두었다가 마지막 수업 날 꺼내 볼 작정이다. 마냥 기다릴 수 없으니 둘 먼저 깊게 이야기를 나누는 것도 좋겠다 싶어 손 그림을 그린다.

미리 준비한 종이에 손을 대고 그리게 했다. 왼손을 주로 쓰는 사람은 오른손을 대고 그렸다. 자기소개를 할 손이다.

 손가락 하나하나마다 자기를 소개하는 낱말을 쓰는데 엄지에 쓸 것은 좋아하는 색깔! 여자아이들은 각각 보라와 민트를 썼고 나는 연두를 썼다. (이제 이 아이들 이름을 '보라'와 '민트'라고 쓰겠다.)

 검지부터는 무얼 쓸지 돌아가며 제안해 보도록 했다. 민트가 좋아하는 음식을 쓰자 했다. 중지에는 보라가 취미를 쓰자 했고. 하나씩 쓰고는 돌아가며 이야기를 나누는데 민트는 번번이 제가 쓴 것을 읽거나 말하지 않고 종이를 내 쪽으로 내민다. 맞춤법이 한 낱말에 하나씩은 틀린다. 3학년치고는 어려움이 있는 거다. 처음엔 대신 읽어주다가 두 번째는 직접 말해 보라 했는데 말이 없다. 내가 읽고 궁금한 걸 물었더니 그건 이야기를 한다. 민트는 수줍음이 많고 소리 내어 읽기에도 자신이 없구나. 돌아가며 글 읽기 할 때 주의해야겠다. 민트가 약지에서 단짝 친구를 적자고 제안을 했다. 표정과 목소리에서 민트에게 친구가 있구나 싶어 안심이 됐다. 반면 보라는 단짝이 없다며 시무룩해졌다. 나도 단짝 없는 때도 있었다며 약지에 단짝 대신 '좋아하는 사람'을 적으면 어떻겠냐고 다시 제안했다. 민트에게 양해를 구했더니 흔쾌히 좋다고 한다. 민트는 여섯 명을 썼고 보라도 다행히 한 명을 썼다.

그러는데 남자아이 둘이 치과에서 돌아왔다. 속도를 내어 손을 그리고 자기소개할 것을 적었다. 이 아이들은 1학년 파랑이, 2학년 빨강이다. 새끼손가락에는 빨강이 제안으로 좋아하는 책을 적었다. '엉덩이 탐정'을 쓰자마자 도서관에서 그 책을 찾겠다며 일어서는 것을 쉬는 시간에 꼭 보여 달라며 앉혔다.

파랑이와 빨강이가 합류하자 차분하던 분위기가 활기차다 못해 산만해지기 시작했다. 연필을 달라며 보라의 필통을 마음대로 가져간다. 경계를 지켜 달라고 요청했다.

손 그림을 들고 돌아가며 자기소개를 하는데 민트가 스스로 발표를 했다! 나중에 H가 말하길 민트는 4주가 지나야 겨우 인사를 하는 아이인데 뜻밖이라 했다. 남자아이들이 늦은 것이 이렇게 고마운 일이 될 줄이야! 손 그림을 접어 타임캡슐에 넣고 수업 끝나는 날에 다시 꺼내 보기로 했다.

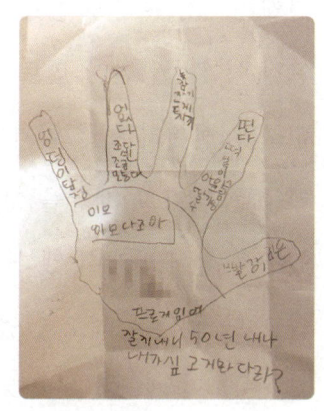

빨강이의 '손 그림'

시작하는 노래를, 먼저 배운 보라와 민트가 가르쳐 주며 함께 불렀는데 빨강이는 절대 자기 이름을 넣지 않겠다고 한다. 이유인즉슨 자기는 예쁘지 않고 멋지다는 것이다. 예쁘다는 말이 여성에게만 쓰이는 것이 아님을 설득했지만 빨강이는 완강했다. 여기서 실랑이가 되면 곤란하다. 존중해 주겠다며 빨강이 이름 자리에 연두를 넣어 부르자 했더니 빨강이 포함, 아이들 모두 괜찮다고 한다.

"연두! 우리 찾아봐요!"
쉬는 시간에 아이들은 도서관 책상 아래 숨어서 숨바꼭질을 하자 했다. 쉬는 시간 내내 한바탕 놀았지만 언제나 놀이를 접는 것은 아쉽다. 집중해서 수업 잘 끝내면 또 하자 하고 자리에 앉았다.

자기효능감 검사를 자기를 알아보는 시간으로 삼았다. 17문항을 함께 읽고 스티커를 붙여가며 진행하는데 빨강이는 저 혼자 벌써 다 했다. 살펴보니 다행히 질문을 잘 이해하고 붙였다. 어린아이가 이렇게 자기평가에 객관적일 수 있을까 놀라울 정도다. 자기주장이 분명하고 영리한 아이다.

잠시 후 단호한 대처가 필요한 순간이 왔다. 먼저 할 일을 끝낸 빨강이가 보라를 때리며 필통을 빼앗은 것이다. 서로 비난하고 욕하고 침범하는 데에 익숙한 것 같다. 지금까지와는 다른 낯빛으로 심각하고 단호하게 목소리를 낮춰 말했다.

"멈춰! 빨강이는 두 가지 실수를 했어. 묻지 않고 다른 사람 물건을 가져갔고 아프게 했어. 이건 아주 심각한 일이에요."

알았다고는 했지만 고개를 외로 틀며 찡그린다. 이 아이가 수없이 듣던 말일 것이다. 이어 이야기 나누다가 집중하며 잘 들어줘서 고맙다고 말하자 스르르 눈빛이 풀렸다.

이 아이들은 학습과 의사소통에 어려움이 있는 아이들이다. 경계성 지능을 가졌거나 주의력결핍장애 진단을 받은 아이도 있다. 아이들은 잘못했을 때 집중을 받아왔을 것이고 자신을 혼나는 존재로 인식하고 있을지도 모른다. 문제가 없을 때, 노력할 때를 잘 드러내 주는 게 중요하다. 아이들이 자신을 괜찮다고 느낄 수 있으면 좋겠다.

함께 만들어 가는 수업인 주제 탐구 수업을 안내하며 교재에 이름을 쓰고 첫 달 주제인 '시간'으로 생각그물을 그렸다. 보드에 전지 붙일 때부터 빨강이에게 도움을 청했다. 가운데 동그라미에 '시간'을 써 두고 떠오르는 것을 아이들이 말하면 내가 전지에 요목화해 그리는 방식을 선택했다. 익숙해지면 아이들이 스스로 생각그물을 그려보기도 할 것이다. 먼저 운을 뗀 사람은? 역시 빨강이다.

"작은 바늘, 큰 바늘!"

"아, 시계를 말하는구나."

시계를 쓰고 잔가지로 작은 바늘, 큰 바늘을 적었다. 보라가 "손목시계"라고 외친다.

"그래, 시계는 여러 종류가 있지요. 손목에 차면 손목시계. 그럼 탁상 위에 있는 시계는?"

그러면서 해시계, 달시계까지 나왔다.

"시계 말고 1년의 시간을 알아보기 쉽게 표시해 둔 물건도 있지요?"

"달력!"

아이들이 몰두하는 모습이 흐뭇하다.

"과학자!"

빨강이가 다른 국면으로 넘어갔다. 시간을 연구하는 사람, 시계를 고치는 사람, 시계장수… '물건' 다음으로 '사람' 중심가지를 그렸다.

더 이어지지 않을 때는 '시간이 지나면서 바뀌는 게 있나요?'라든가 '좋아하는 시간과 싫어하는 시간이 있나요?' 또는 '장소에 따라 특별한 시간도 있을 수 있겠네요.' 같이 생각을 확장할 수 있게 독려하면서 '시간' 주제의 핵심 개념인 '나'와 연관된 단어가 나오도록 유도했다.

아이들의 이야기를 모아 보니 중심가지의 단어는 물건, 사람, 자연현상이다.

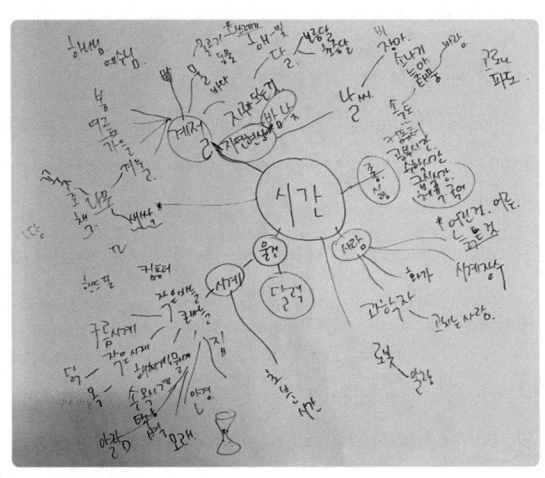

'시간' 생각그물

보라도 단어들을 말했지만 그것이 시간과 어떤 연관이 있는지 설명하지는 못한다. 내가 짐작한 것을 말해주면 고개를 끄덕였다. 손그림 그릴 때 좋아하는 사람에 빨강이 형을 썼던 파랑이는 빨강이를 따라 하기만 한다. 몸이 풀린 민트도 몇 가지 의견을 냈다. 주도하는 사람은 단연 빨강이다. 빨강이는 하고 싶은 말이 있을 때 기다리기가 어렵다. 다른 사람이 말을 하고 있거나 말거나 큰 소리로 자기가 떠오른 것을 말한다. 빨강이에게 속삭였다.

"들을 때랑 말할 때를 구분하는 것이 어렵지? 그럴 때 내가 신호를 보내줄까? 이렇게 귀를 만지면 빨강이는 '아, 들을 때구나' 알아차리면 돼. 어때?"

씩 웃으며 좋다고 한다. 그 후로 귀 신호를 한 번 보냈더니 효과가 있다.

마무리 시간. 오늘 수업 중에 생각나는 것을 돌아가며 말해 보고 자기 머리에 손을 얹고 다정하게 이름을 부르며 수고했다고 말하도록 했다. 사랑한다고도 말해 보았다. 그리고 손을 모으고 '고맙습니다'를 두 번 한다. 한 번은 함께한 사람들에게, 또 한 번은 자신에게 인사하며 끝났다. 끝나자마자 들려 오는 소리.
"연두! 우리 찾아봐요!"
노는 건 잘도 기억한다.

앞으로 이 아이들과 어떤 '시간'을 보낼지 기대도 되고 걱정도 된다. 우선 잘 먹어야겠다.

02
미안하면 미안하다고 말하세요

버스정류장에 노란 은행잎 하나가 떨어져 있다. 진짜 가을이 왔네, 하며 은행잎을 집어 들여다보다가 민트가 생각났다. 언덕을 올라가며 아이들을 닮은 나뭇잎을 주워 모았다.

주성 님이 이야기 치마를 들고 오셨다. 수업 장소인 도서관에 들어가자마자 이야기 치마를 입어보았다. 음... 내가 생각하던 이야기 치마가 아니다. 내가 입은 치마가 길고 넓어서 아이들이 그 위에 옹글망똥글망 앉아야 하는데 허리에 카펫을 매달고 있는 느낌이다. 이런들 저런들 내 소관이 아니니 받아들여야 한다. '인생이 이렇다. 내 맘처럼만 되면야 이런 당황스러움 같은 특별한 감정을 맛볼 수 없겠지!'라고 애써 생각했지만 다음에 더 제작한다면 이대로는 안 된다고 말해 봐야지.

아직 15분이나 남았는데 빨강이가 들어왔다. 이 시간을 기다린 것이 분명하다. 하지만 빨강이는 절대 그렇게 말하지 않을 테지. 일찍 오면 뭘 하나, 필통을 두고 왔다. 하하! 조금 있다가 파랑이가 왔다. 둘 다 머리를 깎았네, 하니 H가 설명해 준다. 주로 기관에서 깎는데 이번에는 밖에 있는 미용실에 다녀왔다며 우여곡절이 있었다고. 할 말이 많아 보이는데 다행히 삼키신다.

빨강이는 자리 바꾼 것이 마음에 들지 않는다고 항의했다. 파랑이가 빌려준 연필을 돌려주지 않겠다고도 했다. 수업 시작 전이라서 조금 길게 이야기를 나눠 보았다. 빨강이는 자신의 힘을 발휘하고 싶은 듯하다. 그 힘은 이런 방식으로 다른 사람들을 불편하게 만들어왔을 테고 빨강이가 관계를 맺는 데에 어려움으로 작용해 왔을 것이다. 일주일에 한 번, 두 시간. 이 시간에 그 힘의 방향을 자신과 타인에게 도움이 되도록 바꾸는 일은 쉽지 않겠으나 열 번 중에 한 번은 다른 경험을 하는 시간으로 삼으면 좋겠다고 욕심을 부려 본다.

보라와 민트가 합류했고 시작 노래를 부르려는데 아이쿠야, 1학년 파랑이가 화장실을 가고 싶단다. 일찍 와서는 시간을 물어보며 아직도 5분이나 남았다던 파랑이. 귀여운데 다음엔 미리 준비하자고 토를 단다. 빨강이에게 아직도 노래에 이름을 넣을 마음이 없는지 물었는데 역시 고개를 젓는다. 언제라도 이름을 넣고 싶으면 말해 달라고 했다.

 한 주 지낸 이야기를 나누었다. 파랑이는 빨강이 형이랑 싸웠는데 뻥이다, 빨강이는 보라가 코딱지 파는 걸 봤다, 보라는 없는 얘기 지어내지 마라, 빨강이는 파랑이가 까불었다, 파랑이는 거짓말 치지 마라… 아주 난장이 되었다. 같이 살고 있으니 속속들이 너무 잘 알고 있고 관계도 이미 고착되어 있을 게다. 지낸 이야기를 나누는 것이 이 아이들에게는 쓸모없거나 오히려 분란을 일으키는 계기가 될 수도 있다. 좀 더 고민해 볼 일이지만 지금은 하나, 둘, 셋, 샤악! 이건 지난 시간에 정한 신호 중 하나인데 이렇게 소란스러울 때 '하나, 둘, 셋' 내가 말하면 아이들이 '샤악!'하며 집중을 한다. 여덟 개의 눈이 연두를 바라보고 있나요? 빨강이는 부러 고개를 외로 꼰다. 하나, 둘, 셋, 샤악! 세 번 만에 그래도 쳐다본다. 자리 배치를 조정하고 수업 태도를 다시 가다듬고 이야기를 이어 나간다. 잘 들었는지 나중에 퀴즈를 내겠다 했더니 좀 더 열중한다. 내가 떡갈고무나무를 샀다고 하자 빨강이, "거기서 떡이 열리면 가져다주세요!" 이런다. 모두들 깔깔 웃는다.

본격적으로 교재를 펼친 지 몇 분 안 지나 또 사달이 났다. 빨강이와 파랑이가 말싸움을 하는가 싶더니 순식간에 쫓고 쫓으며 공간을 돌아다녔다. 아이들이 삼촌이라고 부르는 임상 심리상담사 H에게 도움을 청했다. 함께 계속 수업을 하는 것이 좋을지 판단이 안 서는데 어찌 생각하시는지 물었다. H가 빨강이와 이야기할 때 나는 울고 있는 파랑이에게 말했다. "서운하고 서럽지? 실컷 울어."

빨강이에게 수업에서 지켜주었으면 하는 바람을 다시 이야기하고 수업에 참여할지 말지 선택하게 했다. 물론 남았다. 파랑이는 달래거나 이야기를 더 길게 나누지 않고 진행을 했다.

교재에 있는 이야기 중 <지금, 나에게 가장 소중한 물건>은 세 인물이 자신에게 가장 소중한 물건을 소개하는 이야기로 구성돼 있다. 처음엔 내가 읽어줄 테니 중요한 낱말에 동그라미를 치면서 눈으로 읽어보라 했다. 다 다른 낱말에 동그라미를 쳤다. 제목을 다시 이야기해주니 "목걸이!"라고 모두 외쳤다.

"두 번째 이야기는 누가 읽어줄래요? 아, 파랑이는 1학년이어서 읽기가 좀 어려울 수 있겠네." 짐짓 모르는 척 말했다.

그러자 파랑이가 "읽을 수 있어요! 그런데 다는 못 읽어요." 한다. 제목을 읽어 달라 부탁하자 또박또박 "사진들을 볼 수 있어서 소중해요!"라고 읽으며 자연스럽게 수업에 들어왔다. 목소리에 울음 뒤끝이 배어 있었지만 아는 척하지 않았다. 때로는 모른 척하는 게 나을 때도 있다.

보라가 본문을 읽을 때 파랑이, 가만 보니 중요한 낱말이 너무 많다. 한 문장에 두세 개 동그라미를 친다. 귀여워서 웃음이 실실 새어 나온다. 이번에는 스마트폰, 사진, 추억 세 낱말이 순서대로 나왔다. 세 번째 글은 빨강이가 읽겠다고 해서, 제목은 민트에게 부탁했다. 민트는 수줍음이 많고 읽기가 부담스러운 아이다. "매일 들고 다니는… 그 제목을 민트가 읽어줄래요?"하고 부러 먼저 읽어주었다. 민트가 자신 있게 제목을 읽었다. 아이들이 집중해서 이야기를 듣고 내용을 파악한다.

읽고 나서 '나에게 소중한 물건 스무고개'를 시작했다. 열 고개만 하기로 합의하고 시작. 보라는 화장품, 민트는 비즈, 빨강이는 집, 마지막으로 한 파랑이는 핸드폰! 스무고개는 질문을 잘하는 것이 핵심인데 소중한 물건 스무고개에 "사람입니까?" 같이 엉뚱한 질문도 나오고 성급하게 답을 말해 버려서 고개가 자꾸 줄어들기도 했다. 재미있는지 빨강이가 한 바퀴 더 하자는 것을 이 시간 아니어도 집에서 형들이랑 동생들이랑 더 해보라고 권했다.

쉬는 시간 지나고 드디어 이야기 치마 시간. 눈을 감고 말없이 움직임도 없이 1분을 있을 수 있겠냐며 한 번 해보자 했다. 아무것도 안 하고 있는 시간은 이야기 치마 위에서 읽어줄 내용과 연관이 있다. 아이들이 눈을 꼭 감고 있는 사이 이야기 치마를 입었다. 눈을 뜬 아이들이 뭐냐고 하며 온다. 올라오게 해 자리를 잡는데 역시 파랑이는 눕고 빨강이는 돌아다닌다. 편하게 있어도 좋은데 눈은 연두를 보라고 했다. 다른 수업에서는 이야기 치마에 대한 안내를 하고 약속도 정하고 시작하는 게 좋겠다.

<엘리베이터에는 왜 거울이 있을까?>를 읽어주었다. 왜 거울이 있을지 빨강이가 상상해서 말한다. 엘리베이터 귀신 때문이라며 확신에 차서 말을 한다. 빨강이의 말은 재미있지만 언제나 길다. 이야기를 읽는데 중간에 또 이번엔 진짜 이유를 알겠다며 심심하니까 거울이 있는 거라고 한다. 이야기가 다 끝났을 때 엄청난 비밀을 자신이 알아내기라도 한 것처럼 의기양양하다. 엄지손가락을 척 세워 주었다. 퀴즈로 이야기의 내용을 확인했는데 모두들 열심이다. 안 듣는 것처럼 보여도 귀는 다 열려 있었네.

같은 시간인데도 왜 다르게 느껴질까? 어떨 때 시간이 빨리 가고

어떨 때 느리게 간다고 느끼는지 나누고 나서, 내가 좋아하는 시간을 그림으로 그리고 발표했다. 민트는 주말에 춤추는 모습을 그렸다. 선인장을 크게 하나 그렸는데 아마 방에서 키우는 식물인 듯하다. 떡갈고무나무 이야기를 해서 떠올랐나 보다. 보라는 '놀 때 시간이 빨리 간다'고 쓰고 줄넘기하는 모습을 그렸다. 일찍 마친 사람은 싫어하는 시간도 그려보자 했다. 속도가 다 다르니 그때그때 조금 더 해볼 것을 미리 생각해 두면 좋다. 보라는 투덜거리며 계단을 청소하는 모습도 그렸다. 그림이 단정하고 색깔을 예쁘게 쓴다. 빨강이는 컴퓨터 게임 하는 시간이 좋다며 컴퓨터를 그렸는데 시작하면서 "모네처럼 그려도 돼요?"하고 물었다. 왼쪽 페이지에 모니터를 큼직하게 그리고, 키보드는 오른쪽에 그렸다. 인상파 빨강이는 스케일이 남다르다. 파랑이는 축구교실도 가고 컴퓨터게임도 하는 주말 풍경을 만화로 그렸다. 그림을 그릴 때 "나는 지금 이 시간이 너무 좋아. 평화롭잖아. 다른 사람 신경 안 쓰고 조용히 자기 일에 몰두하는 너희들 보니 너무 좋다."고 했더니 빨강이가 내 귀에 대고 "저 오늘 처음에는 잘 안 했지만 점점 집중 잘했지요?" 그런다. 스스로 격려하는 능력이 있으니 됐다. 평화로울 때, 잘할 때, 노력할 때 피드백을 해 주는 것이 중요하다. 특히나 잘못했을 때 집중조명을 받아왔을 아이들은 더욱.

주웠던 낙엽은 선물로 주었다. 힘들어도 굴하지 않고 포기를 모르는 담쟁이잎은 빨강이에게, 쳐다만 봐도 예쁘고 마음이 따뜻한 은행잎은 민트에게, 든든하게 그늘을 만들어 주고 편안한 느낌을 주는 느티나무잎은 보라에게, 앙증맞고 예쁘고 귀여운 노란 잎은 파랑이에게.

"주성 샘은요?"

"아이고, 주성 샘 건 안 주웠네. 너희들만 생각했다. 미안하네."

그러면서 다 같이 웃는다.

"미안하면 미안하다고 말하세요."

<u>ㅎㅎㅎ.</u>

"고마우면 고맙다고 말을 하세요. 말 안 하면 몰라요."

아까 빨강이에게 한 말을 내가 되돌려 받았다.

03
시간을 벗어날 수도 있어요?

    오늘도 일찍 도착해 보육원 주변을 산책하다 곱게 물든 나뭇잎을 주웠다. 다 한 나무에서 떨어진 잎인데 모양도 색깔도 같은 것이 하나도 없다. H와 몇 가지 상의를 했다. 한 주 지낸 이야기를 나누는 것이 나에게는 도움이 되지만 붙어 지내는 아이들에게는 쓸데없거나 분란만 야기하는 것 같다고 말하자 H도 동의한다. 다만 아이들이 있었던 일이나 자신의 행동을 반추하는 일이 별로 없어서 아쉽다고 했다. 책 읽기와 활동 속에서 자연스럽게 녹여내 보겠다 말씀드렸다. 자리 배치, 도서관 환경, 필요한 물품, 아이들의 근황 등에 대해 편하게 상의할 수 있는 담당자가 있어 든든하다.

보라가 도서관에 들어오자마자 <예쁘지 않은 꽃은 없다> 노래를 부른다. 노래를 한다는 것은 노랫말과 리듬이 안에 담겨 있다는 것. 담긴 것을 꺼내놓는 것. 반갑다.

"이 시간을 기다렸어요? 연두는 빨리 보고 싶어서 일주일이 길게 느껴졌어요."

아이들도 빨리 만나고 싶어서 일찍 왔다고 말한다. 기분 좋은 말이다. 지낸 이야기를 나누는 대신 눈을 감고 지난 한 주를 영화처럼 떠올려 보자고 했다. 내가 주인공인 영화. 크게 웃었던 적이 있는지, 싸움을 한 적도 있는지. 지나간 시간의 나, 지금 이 순간의 나, 앞으로 다가올 시간의 나를 상상해 보자고 말할 때 빨강이가 눈을 뜨고 묻는다.

"시간을 벗어날 수도 있어요?"

반짝이는 순간이다.

"빨강이가 문득 그런 생각이 났구나, 어떨 거 같아?" 물으니 우주 멀리 가면 시간을 벗어날 수 있을 거라고 말한다. 이 아이, 어디서 따로 물리를 탐구하는 중인가?

우주 멀리 갈 수 없으니 타임머신을 타 보기로 했다. 과거로 간다면 보라는 눈썰매장, 빨강이는 수영장에 가고 싶다고 한다. 민트는 가고 싶은 과거의 시간이 없다고 한다. 조금 쓸쓸한 표정이다. 빨강이가 미래로 갈 수 있다면 여기 있는 사람들이 결혼하는 때로 가고 싶다고 했다. 아이들도 모두 누가 누구와 결혼할지 궁금하다고 말한다. 민트도 자신의 결혼식장으로 가보고 싶다고 수줍게 말한다. 서로 결혼할 때 초대하기로 했다. 하하!

 오늘 읽을 이야기가 떡볶이와 관련된 거라 클레이로 떡볶이 만들기부터 했다. 두 명씩 모둠을 지어 떡볶이를 한 그릇씩 만들어 달라고 주문했다. 협업을 하면서 티격태격 싸움이 일어날 거라 예상을 했는데 의외로 너무나 즐겁게 요리를 한다. H가 준비해 주신 클레이 만드는 도구들 덕분에 나는 떡볶이, 너는 아이스크림 이런 식으로 역할을 나누어 만드니 큰 소리 날 일이 없다. 시간제한을 두었지만 잠깐만요를 백 번쯤 외치며 콜라도 만들고 하드도 만든다.
 "손님! 쿠키도 드실래요?" 메뉴가 점점 늘어난다. 이 즐거움을 멈추게 하기에는 아이들이 엄청난 집중을 하고 있다. 계획했던 시간보다 길어졌지만 멋진 세트메뉴가 나왔다. 이름을 붙여보자 했더니 해모둠 파랑이와 보라가 만든 것은 '아이스라떡볶이'(아이스크림과 라면, 떡볶이의 준말), 별모둠 빨강이와 민트가 만든 것은 '떡면파아이쿠'(떡과 라면과 파, 아이스크림과 쿠키의 준말). 이름도 멋지다. 아이들이 얼른 맛을 보라고 재촉한다. 하나하나 정성스레 맛을 보며 감상을 이야기했다. 먹는 시늉을 할 때마다 내 표정을 유심히 보며 깔깔 웃는다.

이 친구들은 의사소통이 원활하지 않고 집중력에 어려움을 겪고 있다. 그래서 쉬운 글로 쓴 피치마켓의 월간 RE:BOOK(월간 피치서가의 전신)으로 한 주제를 집중적으로 탐구하는 주제 탐구 수업을 기획했다. 리북은 읽기도 쉽고 주제 탐구에 딱 맞는 내용으로 구성되어 있어 교재로 쓰고 있다. 한 달에 한 주제를 택하는데 첫 주제가 '시간'이다. 핵심 개념은 '나'로 잡고 가고 있다. 지난주에는 '나의 시간'을 탐구했다면 이번 주는 '우리의 시간', 그러니까 나와 타인이 함께 하는 시간 속에서 일어나는 이야기를 다룰 거고, 다음 주에는 '지구의 시간'을 생각해 볼 계획이다.

'우리의 시간'을 생각해 볼 수 있는 이야기 <떡볶이를 만드는데 친구가 화를 냈다?>를 읽어주었다. 다음에 벌어질 장면은 무엇일지, 이야기의 인물들이 왜 싸우고 어떻게 화해했는지 이야기를 나누어 가며 읽었다. 여태 읽은 이야기 중의 이 이야기를 가장 흥미롭게 듣는다. 자신들의 이야기와 멀지 않아서 그런 것 같다. 떡볶이를 클레이로 만들어 보는 활동을 하고 난 직후라 더 그랬을지도 모른다. 이번에는 보라가 적극적으로 생각을 말한다. 이야기까지 다 나누고 나니 아까 먹은 아이스라떡볶이와 떡면파아이쿠에 점수를 매겨 달라고 한다. 책상을 두들기며 두구두구두구... "해모둠의 점수는? 100점!"

두구두구두구두두... "별모둠 점수도 100점!"

"이모라고 불러도 돼요?"

쉬는 시간이 되자마자 파랑이가 묻는다.

"이모라고 부르고 싶어? 나는 연두라고 불러주면 좋아. 이모는 여기 많으니까."

"연두는 반말이잖아요." 빨강이도 끼어든다.

"하하! 그냥 별명인데?"

"쌤이라고 해도 돼요, 연두 쌤?" 파랑이가 말하고

"나는 그냥 연두라고 할래." 빨강이도 결정했다.

관계가 호칭을 결정하지만 호칭이 관계를 결정하기도 한다. 파랑이가 이모라고 부르고 싶은 마음은 어쩌면 더 가까워졌다는 마음을 담은 말일지도 모르겠다. 하지만 나는 여기 일주일에 한 번 다녀가는 책방 선생이다. 이모라는 호칭으로 불리기에 우리는 한정된 시간과 특정한 목표 안에서 만난다. 잠깐 망설였으나 나는 이모로서가 아닌 연두나 연두 쌤으로서 만나기로 한다.

"연두 쌤! 술래잡기해요!"

쉬는 시간에는 나도 쉬고 싶다고 말해보았지만 돌아온 대답은

"찾으면서 쉬세요."

쉬는 시간이 끝나고 '잘 싸우는 비법' 책을 만들었다. 클레이 떡볶이 만들 때 싸움은 안 났지만 비난하거나 짜증 내며 말하는 것을 보았노라, 보라가 "나 지금 화나려고 해!"라고 말한 것을 들었는데 인상적이었노라 말했다. 보통 어떨 때 싸움을 하는지 이야기를 나누었다. 친구가 놀릴 때, 동생이 까불 때, 맞았을 때, 억울하거나 원하는 걸 얻고 싶을 때 싸운다고 했다. 싸움을 덜 하고 살면 좋지만 싸워야 할 때 싸우기도 해야 하는데 기왕이면 잘 싸우자, 잘 싸운다는 게 뭘까 물으니 내가 더 세게 때리는 거, 이기는 거라고 했다. 그러다 진짜 싸움이 났다! 파랑이랑 빨강이 둘은 서로 의지하면서도 물고 뜯고 한다. 파랑이가 까불면 확 때려주면 된다고 빨강이가 말하자 파랑이가 쏜살같이 빨강이한테 가더니 퍽 때린다. 빨강이는 더 세게 때리고. 진정을 시킨 다음, 싸울 때 힘을 왜 쓰는지 아냐, 약해서 그런다. 진짜 센 사람은 폭력을 쓰지 않고도 상대를 이해시키는 사람이다, 그런 사람에겐 함부로 하지 않는다, 그러니까 잘 싸운다는 것은 상처를 주지 않으면서도 내가 원하는 것을 얻어내는 것이다, 어떻게 생각하냐... 파랑이는 그런 거 같다고 하고 빨강이는 인정하기를 주저하면서도 생각은 하는 눈치다.

내 감정이나 원하는 것을 어떻게 표현하면 좋을지, 내 말을 누군가 들어주면 좋은데 다른 사람 말을 나는 잘 듣고 있는지 칠판에 써가며 이야기를 나눴다. 싸울 때 하면 안 되는 것도 써 보았다. 파랑이가 먼저 폭력은 안 된다고 한다. 민트가 욕도 안 된다고 한다. 보라가 여럿이 한 명한테 뭐라 하면 안 된다고, 빨강이도 왕따 따돌림은 안 된다고 했다. 파랑이가 떡볶이 만들 때 보라처럼 예고를 하는 것도 좋겠다고 했다. 빨강이가 조건 달지 말기를 제안했고, 민트가 시비 걸지 말고 나쁜 말(비난하는 말)을 안 하는 것도 비법이라 했다. 민트가 오늘 스스로 의견을 많이 낸다. 화해하는 법을 이야기할 때도 민트가 가장 먼저 편지를 쓰면 된다고 말했다! 아이들에게서 배운다.

나눈 이야기를 바탕으로 도화지를 접고 잘라 자신만의 '잘 싸우는 비법' 책을 만들었다. 제목을 쓴 다음 표지에 지은이와 출판사도 쓰면 좋겠다고 하니까 1학년 파랑이가 '연두칠반사'라고 썼다. 연두출판사를 쓴다는 것이 이렇게 되었나 본데 정말 귀여운 오타다. 하하! 아까 주웠던 낙엽을 꺼내 주며 책 만들 때 필요하면 쓰라고 하자 표지에 예쁘게 붙였다. 생각보다 시간이 오래 걸려서 두 번째 쉬는 시간도 못 갖고 20분이나 늦게 끝났는데 빨강이가 군말이(없지는 않았고) 적었다.

오늘 아이들이 선물로 받았다는 샤프를 하나씩 들고 왔다. 샤프심을 뺐다 넣었다, 째깍째깍 길게 눌렀다 넣었다, 꼭지에 달린 뚜껑을 뺐다 끼웠다 한시도 가만있지 못하는 파랑이가 샤프가 방해가 되면 연두가 가지고 있겠다고 말하자 노력해 보겠다고 했다. 열 번 중에 한 번은 샤프를 만지려다가 손을 뗀다. 그때를 놓치지 않고 노력해 줘서 고맙다고 했다. 시간을 벗어날 수 있는가 묻는 빨강이, 화날 거 같다고 미리 얘기하는 보라, 점점 말하기에 자신이 붙고 있는 민트, 샤프에 손을 댔다 떼는 파랑이... 이 아이들의 매력에 점점 빠져들고 있다.

04
시간이 지나도 변하지 않았으면 하는 것

빨강이가 현관에 나와 있다. 버선발은 아니다. 보드게임을 하자며 신호등 놀이를 편다. 재미있어질 무렵 수업이 시작될 텐데 접을 수 있겠냐 물어보니 그렇게 한단다. 세 번 돌아가며 카드를 뒤집을 찰나, 민트가 들어온다. 약속대로 바로 접는다. 민트는 낙엽을 주워 비닐봉지에 넣어왔다.

"저 낙엽 주워 왔어요. 이건 연두 샘 거예요."

파랑이와 보라가 조금 늦는 틈을 타서 빨강이와 민트에게 부탁을 했다. 집중이 어려운 파랑이를 위해 둘이 수업 분위기를 잘 만들어줬으면 좋겠다 했다. 그리고 그 부탁은 오늘 큰 힘을 발휘했다.

빨강이는 전보다 순둥순둥해졌고, 민트는 더 적극적으로 참여했다.

모두 모였다. 시작 노래를 하고 두 가지 약속을 상기시켰다. 말로, 힘으로 상처 주지 않기, 그리고 귀 쫑긋. 오늘은 한 주 지낸 이야기를 10글자로 말해 보았다.
아이들이 갈피를 못 잡길래 내가 손가락을 꼽아가며 먼저 했다.
* 연두 : 생,일,날,선,물,많,이,받,았,어

아이들 머리와 손가락이 바빠진다.
* 보라 : 수,요,일,날,안,경,맞,추,러,감
* 빨강 : ○,○,에,서,○,○,로,옮,긴,날 (화장실 물이 새서 집을 옮겼다고)
* 파랑 : 내,생,일,은,삼,월,이,십,일,일
* 민트 : 이,야,기,가,있,는,주,제,탐,구! (기다렸다는 얘기라고)

오늘이 4주 동안의 주제 '시간'이 끝나는 날이라며 처음 생각그물 했던 것부터 쭉 했던 활동들과 이야기들을 떠올려 보았다. 내게 소중한 물건이나 좋았던 시간을 탐구해 본 '나의 시간'을 거쳐, 우리가 함께 시간을 보내며 일어나는 일들, 그중에 서로 마음이 상하거나 싸우게 되는 일들을 들여다본 '우리의 시간', 그리고 오늘은 마지막으로 '모두의 시간', 그 시간을 안내해 줄 이야기는 <지구를 지키는 소녀, 그레타 툰베리>!

이야기 치마 펼치는 것부터 도움을 청했다. 감자도 내가 캐면 맛이 더 좋고, 내 손으로 꾸민 교실에 더 애정이 간다. 기여는 사람을 능동적으로 만든다. 하지만 언제나 예외는 있는 법! 파랑이가 돌아다니며 "이야기 치마 지겨워요."하며 초반에 초를 친다. 민트와 빨강이가 나를 쳐다본다. 고개를 끄덕하니 빨강, 자세를 바로잡고 "야, 여기 앉아." 하며 자리를 마련해 준다. 이 보기 드문, 아니 처음 보는 아름다운 풍경에 넋을 잃을 뻔했다!

두 아이가 그레타 툰베리를 학교에서 들어봤다 한다. "누군지 안 궁금해요.", "쉬는 시간에 술래잡기할 거예요?" 파랑이는 연신 딴소리를 하고 벌써 주먹이 날아갔을 빨강이가 그런 순간마다 나를 본다. 툰베리는 왜 지구가 위험하다고 생각했을까 물으니

* 빨강 : 북극이 녹아요.
* 보라 : 날씨가 너무 더워요.
* 민트 : 코로나도 생겼어요.
* 파랑 : 공기가 나빠서 마스크 해요.

분위기에 휩쓸려 파랑이도 대답을 해버렸다. 툰베리가 학교를 안

가겠다고 선언한 이유는 무엇일까, 그다음 무슨 일이 벌어질까, 나라면 대통령들 앞에서 연설을 할 수 있을까 이야기를 나누며 글을 읽었다.

책상으로 돌아와 툰베리에게 편지를 썼다. 맞춤법을 맞게 고쳐 옮기자면…

* 보라 : 그레타 툰베리 언니에게. 툰베리 언니, 난 보라야. 툰베리 언니 지구를 지키자고 했었죠? 동물들과 자연환경이 파괴되고 있어요. 툰베리 언니 지구를 지키기 위해 학교를 안 갔네요.

* 빨강 : 그레타 툰베리 누나에게. 누나 내가 대통령한테 바보 멍청이라고 말해 줄게. 왜냐하면 지구가 위험한데 모르니까. 바보 멍청이고 이상해. -빨강이가

* 파랑 : 나 파랑이야. 누나. 나도 같이 도울게. 대통령 아저씨 지구를 같이 도와요. 알았죠?

* 민트 : 그레타 툰베리 언니에게. 나 민트야. 우리도 열심히 도울게. 그러니까 같이 할게. 나도 대통령한테 뭐라고 말할게. 대통령님 이걸 허락하세요. 대통령님도 옆에서 도우세요. 그래서 다른 나라를 지킵시다. 그래야지 지구가 안 더워져요. 그래서 지구를 지킵시다. 그걸 허락하면 지구가 안 더워져요. 알겠죠?

민트가 오늘 다르다. 그렇게 열심히 쓸 수가 없다. 나중에 보니 한 줄마다 숫자를 매겨뒀다. 이렇게 긴 글을 쓴 게 자랑스러운 듯하다. 나도 엄지를 척 치켜세웠다.

이제 '시간이 가면 변하는 것', '시간이 가도 변하지 않는 것', '변하지 않았으면 하는 것'에 대해 이야기를 나눌 차례. 시간이 가면 변하는 건 나무, 나뭇잎. 필통이 바뀌고 학교 건물도 바뀐다고 했다(리모델링!). 시간이 지나도 변하지 않는 것은 맨 먼저 빨강이가 '책'이라고 대답했다! 책이라니! 놀라운 답이다. 책이 누레지기는 해도 기록은 그대로 남는다는 걸 빨강이가 생각하고 말한 건지 아닌지도 모른 채 난 벌써 반해버렸다. 그리고 '답'이 안 변한다고 한다.

"어떤 답?"

"정답이요."

"정답이 있는 건 뭘까요?"

"지구가 동그란 거."

"아하! 그렇지만 지구가 판판하다는 게 정답인 시대도 있었어요."

"그럼… 수학이요. 수학은 정말 변하지 않아요."

"아하!"

변할 거 같은데 변하지 않으면 좋겠는 것은, 시험! 똑같은 문제면 잘 풀 수 있으니까. 이런, 보라의 깜찍한 소망 같으니라고!

준비해 간 종이 세 장에 얘기 나눈 것 포함해서 생각나는 걸 더 적었다. 쉬는 시간까지 이어서 적는 아이도 있다. 나중에 슬쩍 보니 한 귀퉁이에 민트가 적어 놓았다. 시간이 지나면 변하는 것... 사랑. 또 다른 종이, 시간이 지나도 변하지 않았으면 하는 것에는 파랑이가 적어놨다. 엄마... 그리고 또 하나, 책방 수업. 광대뼈가 시큰거리면서 어깨가 무거워졌다.

날이 좋아 쉬는 시간에 밖에 나가 보자 제안했지만 보기 좋게 퇴짜를 맞았다. 늘 하던 술래잡기를 하자는 것. 술래잡기 만든 사람을 만난다면 원망을 한 바가지 퍼붓고 싶지만 어쩌면 아이들은 이 시간을 위해 수업을 했을지도 모른다. 그래, 하자! 대신 딱 두 판만이다.

쉬는 시간이 끝나고 준비해 간 종을 보여주며 말했다.
"종이 울리면 눈을 감습니다. 연두의 말을 잘 들으며 상상을 해 봅니다. 그리고 종이 다시 울릴 때 눈을 뜨면 돼요."
종을 만져보고 싶어 하는 파랑이를 달래고 종을 울렸다.
"지금, 나는, 여기 있습니다. 여기는 ○○○, 나의 집입니다. 우리 집은 서울에 있고 서울은 대한민국 안에 있어요. 한국은 지구 밖에서 보면 아시아 대륙 한 귀퉁이에 있어요. 그리고 멀리 떨어져 지구를 봅니다. 더 멀리 가면 태양계가 있고 우리은하가 있고 끝도 없는 우주가 펼쳐져 있어요."

여기까지 하면서 내내 눈을 뜨고 키득거리고 책상을 툭툭 건드리던 파랑이에게 눈으로 손으로 신호를 보냈는데 더는 안 되겠다.

종을 울리고 눈을 뜨자 아이들이 한꺼번에 파랑이를 비난한다. 나는 얼굴을 굳히고 가만히 있는다. 파랑이는 여전히 "뭐? 뭐? 왜 ××이야?" 이러면서 되레 성을 내고 욕을 한다. 아이들이 파랑이에게 소리를 지른다. 인내가 한계치에 다다랐다. 발딱 일어나서 낮고 차갑게 말했다.

"여러분! 저 딱 네 번 만나고 그만 만날 거예요?"

"아니요."

"나는 일주일을 기다려서 여기 왔어요. 비난하고 욕하는 걸 들으러 온 건 아니에요. 이런 말이 오가는 곳에 다음 시간에도 와야 하는지 전 모르겠어요."

협박이다. 너희들 계속 이런 식이면 내가 이제 여기 안 올 거라고. 비겁하다. 망했다. 더 착잡한 것은 그게 먹혔다는 거다. 아이들이 안 그럴 거라고, 약속한다고 한다.

'아... 이게 아닌데...'

보라, 민트, 빨강이에게 잠깐 교재에 있는 안 읽은 글을 보고 있으라고 하고 파랑이랑 따로 이야기를 했다.

"파랑아, 수업하기 싫어? 수업 안 하고 놀기만 했으면 좋겠어? 파랑이가 원한다면 삼촌이랑 이모들이랑 상의해서 안 할 수 있게 내가 말해 볼게."

"아니요." 눈치를 본다.

"집중하기 어려운 거 알아. 그런데 신호를 줘도 노력하는 모습이 전혀 없으니까 난 네가 책방 수업을 안 하고 싶은 줄 알았지."

"노력할 거예요."

"그래. 그럼 다시 해볼까?"

네, 대답하며 배시시 웃는다. 이건 장난기 섞인 웃음이 아니다. 살며시 따뜻하게 웃는 것이 나와 이어지려는 끈 같은 웃음이다. 자리로 돌아가, 연두가 원하는 것을 직접 말하지 않고 계속 이러면 안 올 거라고 말한 거 미안하다고 했다. 다른 곳도 아니고 보육원이다. 안 온다니! 그 말은 이 아이들에게 폭력일 수 있다.

자아비판은 잠시 미뤄두고 다시 수업을 이어갔다. 아이들이 우주까지 나갔다가 다시 여기 이 자리로 돌아왔다. 그리고 우리는 '시간' 주제 탐구의 대단원의 막을 침묵의 공동그림 그리기를 하며 마쳤다. 제목은

'지구의 시간'. 제목만 정하고 서로 말을 하지 않은 채 돌아가며 그림을 그렸다. 한 20분 숨을 죽여가며 다른 사람이 그리는 것을 지켜보았고 자기 차례에 신중하게 그림을 그렸다. 파랑이도 엉덩이를 의자에 붙이고 있었다! 한 사람이 너무 오래 그린다 싶으면 불만스러운 한숨이 나오기도 했고, 대한민국에 꽂힌 아이가 대형 태극기를 그렸지만 그건 옥에 티. 다 그리고 나서, 처음에 그린 의도랑 다르게 그림이 변해갈 때의 느낌도 나누고 궁금한 것도 물어봤다. 다행히 마무리가 좋다.

다음 주제 '초콜릿' 안내에 파랑이가 눈을 반짝이며 묻는다.
"이번에는 클레이 말고 진짜 초콜릿을 가져올 거예요?"
"아마도?"
"와!"

돌아오는 길에 종이를 다시 꺼내 파랑이가 쓴 걸 본다. 시간이 지나도 변하지 않았으면 하는 것, 책방 수업. 일단 저녁을 먹고 자아 성찰을 이어가자.

2. 초콜릿

01
싼타할아버지 진짜 너무하네

* 보라 : 학교에서 나눗셈 시험 봄(세 자릿수 나머지 있는 나눗셈은 어렵다고.)
* 민트 : 점심에 삼겹살이 나왔다(오늘 얘기해도 되냐며 맛나게 먹은 삼겹살 이야기)
* 빨강 : 언제 제주도를 갈 거이다(10글자를 맞추려는 노력!)
* 파랑 : 오늘 나는 피를 뽑았어요(건강검진 했다고.)

익숙해졌는지 척척 10글자를 만들어 낸다. 연두는 어떻게 지냈는지 안 궁금하냐니까 빨강이가 맞춰보겠다면서 손을 꼽는다.

* 빨강 : 오늘이 되기를 기다렸다!

헉, '목요일 오길 내내 기다림'이라고 하려고 했는데 내 속에 들어갔다 왔냐 물으니 "선생님이 맨날맨날 얘기하잖아요. 아니까 안 궁금했어요." 이런다. 들켰는데 기분이 썩 좋다.

칠판에 동그라미 10개 그려둔 것을 보며 평화 동전 프로젝트를 제안했다. 평화로운 책방 수업을 만들기 위한 프로젝트인데 수업 때마다 평화 동전 10개씩 받고 비난하거나 폭력을 쓰면 지우는 방식. 초콜릿 수업 4번 동안 남은 동전을 다 모아서 그 수만큼의 초콜릿을 나눌 거라 했다. 아이들이 계산을 해보더니 적으면 0개, 많으면 40개 초콜릿이 생기는 거고, 많이 남겨보겠다고 의욕을 보인다.

지난 시간 이후에 곰곰이 생각했다. 비난하고 때리는 일이 있을 때마다 수업을 멈추고 조율을 해야 하는 상황이 잦다. 스스로 통제가 힘들어 보이니 스스로 노력할 수 있고 서로 도움을 주는 구조를 만들어야 한다. 먹을 것으로 보상을 하는 것이 괜찮을지, 수업이 끝나면 저녁 먹을 시간인데 초콜릿을 먹어도 될지, 먹지 않고 가져갔을 때 이 수업에 참여하지 않는 아이들이 괜찮을지 담당자 H와 미리 상의를 했다. 초콜릿을 나누어주고 각자 집에 가서 함께 사는 아이들이랑 나누기로 했다.

파랑이가 반발했다. "왜요? 난 나 혼자 다 먹을 거예요." 그건 네가 정하렴.

욕도 비난에 들어가는 거냐 민트가 묻는다. 그럼! 욕은 짧고 굵은 비난이지.

빨강이는 "다시 생길 방법은 없어요?" 하며 사라질 동전을 채워 넣을 방도를 벌써 찾고 있다. 그 방법은 다음 시간까지 각자 고민해 오자 했다. 시간을 할애해서 평화 동전 프로젝트를 설명하고 상의했건만, 1학년 파랑이가 이야기 나눌 때 딴짓하다가 초콜릿을 마지막 시간에 한꺼번에 받는다는 걸 뒤늦게 깨닫고는 격렬하게 항의, 묵살당했다.

초코렛, 초콜렛, 초콜릿, 쵸코렛, 쵸콜릿 이 중에 뭐가 맞을까 물어보니 모두 2번. 잠시 생각하던 파랑이가 "아니야!" 외친다.

"모두가 2번이라고 할 때 아니라고 말하는 단 한 사람! 그럼 파랑이는 뭐라고 생각하나요?"

"3번이요!"

딩동댕동! 다들 눈이 동그래지며 우와, 환호한다. 파랑이가 입이 귀까지 올라가더니 일어나서 팔을 흔들며 세레모니를 한다.

이번 초콜릿 생각그물은 아이들이 직접 그리게 해 보았다. 생각그물이 무엇인지, 중심가지와 잔가지를 설명했다. 지난번 했던 침묵의 공동그림 그리기처럼 이번에도 말없이 돌아가며 하자고 말하는 순간,

"저번에 얘가 혼자만 너무 오래 그렸어요!" 보라가 빨강이를 가리키며 툭 말한다.

"어, 지금 비난하신 거 같네요." 하며 내가 칠판으로 향하자 아이들이 입을 모아 비난이 아니다, 비난이지만 이번엔 봐줘라, 이런 거구나 하면서 평화 동전 지우는 것을 말린다. 동전을 지키려는 노력이 필사적이다. 하하! 이번엔 연습했다 치고 그냥 넘어가지만 더 노력을 해보자 했다.

생각그물은 내 뜻대로 되지는 않았다. 정리가 어렵게 중구난방으로 되었지만 풍성하기는 하다. 게다가 수업에서 다루고 싶었던 내용이 얼추 다 나왔다. 맛에서 출발한 여러 감각, 초콜릿으로 만든 음식들, 초콜릿과 연관된 장소와 물건(은박지와 비닐봉지!)과 사람들, 똥까지!

도서관에 후원 물품이 잔뜩 쌓여있어서 쉬는 시간에 술래잡기를 하지 못했다. 내심 쾌재를 불렀다. 대신 아이들은 상자에 올라가서 뛰어내리는 놀이를 하며 나더러 올라오란다. "얘들아, 난 어릴 때 실컷 해 봤단다. 다치지만 않게 놀렴." 그러는데 H가 와서 상자에 올라가면 안 된다고 단호하게 말한다. 뻘쭘하다.

초콜릿이 어떻게 만들어지는지 이야기 나누는데 보라가 얼추 알고 있다. 빨강이도 초콜릿을 처음 만들게 된 이야기를 안다며 아주 길게 말한다. 어떻게 그걸 다 아냐 물었더니 역시 만화다. <브레드 미용실> 애니메이션에서 봤다는데 나중에 검색해 보니 <브레드 이발소>다.

교재 초콜릿 호의 첫 글 <초콜릿은 어디에서 왔을까>를 한 문장씩 돌아가며 읽었다. 읽으며 새로 알게 된 내용에 밑줄을 긋기로 했다. 자기 먼저 읽겠다고 목소리를 높이더니 읽기 시작하자 자기 차례를 놓치지 않으려고 살짝 긴장을 하는 눈치다. 조용하고 차분하다. 문장이 짧고 쉬워서 읽기에 자신이 없는 민트가 티 나지 않게 잘 읽는다. 파랑이는 자기 순서에 늘 읽을 곳을 못 찾는다. 다른 사람이 읽을 때 눈이 글자를 따라가지 못한다. 옆에서 같이 짚어주면 자신이 읽을 곳을 읽는다. 다음 시간에는 혼자서도 할 수 있게 '읽기용 자(Reading Guide Strip)'를 만들어 와야겠다. 아이들이 이 글에 나온 사진들에 푹 빠졌다. '카카오꽃이 예쁘다, 열매가 생각했던 것보다 뾰족하다, 말린 카카오 콩이 똥 같다, 초콜릿 정말 맛있게 생겼다.' 하며 연신 감탄한다. 초콜릿이 먹고 싶어 죽겠단다.

카카오닙스를 꺼냈을 때 아이들이 신기해한다. 눈으로 살펴보고 냄새를 맡고 맛보기로 했다. 뚜껑을 열어 냄새를 맡게 했더니 민트는 '아!' 빨강이는 '우엑!' 보라는 '음…' 파랑이는 "아무 냄새도 안 나는데요?" 반응이 각양각색이다. 맛을 볼 때는 반응이 더 격하다. 카카오닙스를 자세히 보고 그리는 동안 나는 준비해 온 찻주전자에 물을 담아왔다. 카카오닙스를 우려 차를 만들었다. 보라와 파랑이는 초코향이 좋다며 두 잔을 비우는데 민트랑 빨강이는 입만 대보고도 손사래를 친다. 카카오닙스 그림 옆에 먹어본 느낌을 적었다.

오늘 마무리는 인터뷰로 진행했다. 주먹 마이크를 들이대며 "오늘 수업에서 가장 기억에 남는 건 무엇인가요?" 하니 대부분의 아이들이 카카오닙스 맛본 이야기를 한다. 강력했나 보다. "오늘 수업에서는 지난번과는 달리 아주 열심히 참여하시던데요, 소감 한 말씀 해주시죠." 파랑이에게 주먹을 들이대니까 점잖게 대답한다. "코코아닙스 먹고 나서 연두가 쉬는 시간에 진짜 초콜릿 줘서 좋았어요."

마지막으로 이야기 하나를 들려줬다. 연두가 보라랑 민트보다 한 살 많은 11살 크리스마스 때, 우리 집에는 산타가 안 올 거 같아서 내가 모은 돈으로 귤 두 개, 밀크캬라멜 두 개, 초코파이 두 개를 샀다고. 까만 봉지에 하나씩 넣어 동생들 양말 옆에 놔뒀다는 이야기. 그래서 나는 초콜릿 하면 초코파이가 떠오른다고. 다음 시간에 이 초코파이로 똥을 만들어 보자고. 아이들이 진지하게 귀 기울여 이야기를 듣는다.

이야기가 끝나자 빨강이가 연두는 선물 안 받았냐고 한다. 그해 산타가 연두네 집에는 안 오셨다고, 돈이 더 많았으면 내 것도 샀을 텐데 동생 두 명 것만 샀다고 하자 빨강이가 격앙된 목소리로 말한다.

"싼타할아버지 진짜 너무하네. 왜 연두는 착한데 선물 안 줬대요? 착한 아이한테는 준다면서요!"

이 작은 아이에게 위로를 받는다.

오늘 평화 동전은 6개! 비난하는 말을 내뱉다가 멈추거나 때리고 맞아놓고 놀이라고 말을 맞추거나 해서 겨우겨우 남겼다. 갈 길이 멀지만 출발이 좋다.

짐을 다 싸고 인사를 하니 파랑이가 묻는다.

"연두 쌤은 어디로 가세요?" 순간 멈칫했다. 당황스럽다.

"내가 어디로 갈 거 같아?"

"집이요."

"응. 집에 가. 다음 주에 만나자."

나서는데 문득 그날이 떠오른다. 2015년 광화문광장에서 유가족들과 뜨개질을 하다가 평소보다 일찍 자리를 떴다. 한 아버님이 물었다. "오늘은 왜 일찍 가세요? 집에 무슨 일 있어요?" 내 아이들이 여행에서 돌아오는 날이라고 말할 수가 없었다.

　날이 선선해졌다. 다음 주에는 털목도리를 꺼내 둘러야겠다.

02
그 뭐냐, 그거, 그거!

　이번 수업은 준비물이 많다. 파랑이를 위한 읽기용 자는 파란 스케치북 겉장으로 만들었다. 가운데에 네모난 구멍을 길게 내어 한 줄만 보이도록 했다. 감각 상자도 만들었다. 작은 상자 위에 손이 들어갈 구멍을 내고 속이 안

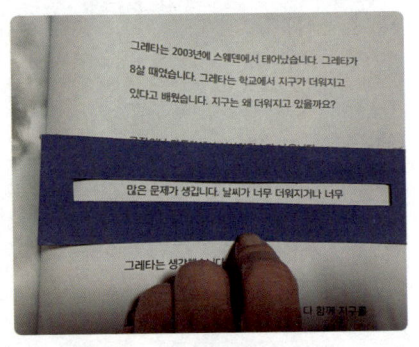

읽기용 자

보이게 천을 십자 모양으로 잘라 붙였다. 그럴듯하다. 손을 넣어 만져볼 물건들도 열 가지쯤 챙겨 주머니에 넣었다. 아, 그리고 연필 네 자루와

감각상자

지우개 네 개도 종이컵에 담아갔다. 연필을 뺏고 남의 필통에 낙서를 해서 공연히 다툼이 일어나는 일만 없어도 좋겠다. 문제가 생길 때 함께 해결 방법을 찾아보는 것도 좋지만 반복되는 문제는 미연에 방지하는 것도 좋다. 환경을 재구성하면 문제를 예방할 수 있는 경우가 꽤 많다.

오늘은 파랑이가 먼저 왔다. 껌으로 풍선을 불어 보여줬다. '육월'부터 불기 시작했다고 자랑한다. 혹시 휘파람도 불 줄 아냐니까 껌을 씹다 말고 휘파람 소리를 낸다. "파랑이는 입으로 하는 걸 잘하는구나." 하니 씩 웃는다. 이따가 초코파이로 똥을 만들 거라고 알려주었더니 딴 사람은 모르냐고 묻는다. 혼자만 미리 알고 있는 게 좋은가 보다.

시작 노래를 부르는데 아이고, 빨강이가 악을 쓰자 아이들이 죄 따라 한다. 부드럽게 한 번 더 불러달라니 또 예쁘게도 부른다. 10글자 지낸 이야기에 불이 붙었다. 빨강이랑 보라는 두 개씩이나 한다. 보라, 민트, 빨강이는 다음 주에 제주도를 간다. 파랑이는 내년에 갈 수 있단다.

<초콜릿 포장지의 비밀>부터 돌아가며 읽었다. 읽기용 자를 사용하니 파랑이가 한결 집중을 잘한다. 대신에 이번에는 빨강이의 어려움이 두드러졌는데 토씨를 빼고 읽거나 다르게 읽거나 어절이 짧으면 건너뛰어 읽는 경우가 잦다. 읽을 때도 말할 때도 마음이 급해 보인다. 천천히 읽어보게 했지만 아직 잘 안된다. 책을 읽을 때 누군가 두 문장을 내리읽으면 아이들이 한꺼번에 "아니야!" 하며 큰 소리로 나무란다. "이건 비난에 가까운 거 같네요."라고 말하자 또 한꺼번에 "아니에요!"란다. 비난이 아니라 그냥 하는 말이라며. 왜 그냥 하는 말을 비난하듯 할까 묻고 다른 사람의 실수를 지적할 때는 살짝 알려주자고 하고 넘어간다. 또 얼마 지나지 않아 "○○이 형이…가 아니고!"라며 파랑이가 빨강이 탓을 하려다 말을 주워 담는다. 평화 동전 때문이지만 자기의 말을 자신이 살펴보는 계기는 확실히 되는 것 같다. 교재에 있는 질문에 답도 써 가며 책을 다 읽고 초코파이 똥을 만들었다.

　지난 시간에 초콜릿 생각그물을 그릴 때 빨강이가 똥을 썼다. 초콜릿을 씌운 빵 초코파이는 맛도 좋지만 똥 만들 재료로 딱이다. 초콜릿 포장을 호일 같은 은박지로 하는 것은 단열이 되기 때문이라는데 초코파이도 진짜 은박으로 포장이 되어 있나 살펴봤다. 처음 보는 것도 아닐 텐데 "어, 진짜네!" 하며 신기해한다.

비닐에 초코파이를 넣고 마시멜로와 빵과 초코가 다 으깨질 때까지 조몰락거리면 찰흙처럼 반죽이 된다. 빨강이는 어지간히 부숴만 놓고 봉지를 빙빙 돌린다. 손으로 주물러야 그 열로 초코랑 마시멜로가 녹는다고 알려주니까 보라가 "아, 이건 과학실험이네요!" 한다. 그만 자리에 앉아 주무르라고 말하자마자 빨강이 똥 봉지가 터졌다! 가루가 사방에 날려 심란스러운데 아이들은 뭐가 좋은지 깔깔 웃는다. 빨강이는 자기가 혼자 다 치울 수 있다고 걱정 말라고 큰소리를 뻥뻥 친다. 말은 잘한다. 결국 내가 치웠다.

보라가 똥 반죽을 제대로 만들었다. 민트와 파랑이도 얼추 되어간다. 안 주무르고 돌리기만 한 빨강이만 아직 똥 가루다.
그래놓고는 "연두, 도와주세요. 너무 힘들어요." 한다.
"힘들다고? 노는 게 그렇게 힘들었어?"
저도 멋쩍게 웃는다.

초코파이 봉지를 펴서 만든 똥을 올려놓고 작품 제목과 작가 이름, 작품 설명을 쓰도록 했다. "전시를 한다고요?", "안 돼!", "놀림감이 된다고요." 아이들이 괴성을 지르면서도 "여기 말고 복도에다 해요." 하는 걸 보면 쑥스럽지만 전시회를 하고는 싶은가 보다. 파랑이는

<똥구리>, 민트는 <사람똥>, 보라는 <강아지가 싼 똥>, 빨강이는 <냄새가 나, 코끼리똥>이라고 제목을 붙였다. 도서관 문밖에 의자 두 개를 나란히 붙이고 깜짝 전시를 했다.

　도서관에 쌓인 짐 때문에 술래잡기가 곤란해진 아이들이 쉬는 시간에 새 놀이를 찾아냈다. 책장에 매달려 옆으로 이동하는 놀이인데 책장을 흔들어 보니 튼튼하다. 위험하진 않겠다. "여자들은 잘 못하잖아." 빨강이가 놀면서 하는 말이 귀에 와 박힌다. 눈을 동그랗게 뜨고 작은 소리로 "지금 내가 들은 말이 뭐죠? 빨강이는 진짜 그렇게 생각하는 거야?" 묻자 빨강이가 웃음으로 대충 때우려고 한다. 얘기를 나눠 볼 참인데 사무실에 계신 사회복지사 한 분이 들어오시더니 당장 내려오라고 하신다. 내가 여기 규칙을 무시한 것은 아닌지 눈치가 보이면서도 이 창의적인 놀이를 못 하는 것이 못내 아쉽다.

　이번 초콜릿 주제 탐구의 핵심 개념은 '감각'으로 잡고 진행 중이다. 첫 시간은 '보다, 맛보다', 이번 둘째 시간은 '만지다', 그리고 앞으로 '(냄새)맡다', '듣다'로 이어진다. 오늘은 촉각으로 사물을 느껴보는 시간. 감각 상자에 들어있는 것을 만져보고 그 느낌을 말하면 나머지가 맞혀 보는 놀이이다. 1단계 손의 느낌을 말해도 못 맞추면 2단계로 짐작하는 그 물건의 특징이나 용도를 설명해 주기로 했다.

처음 감각 상자에 손을 넣은 사람은 민트.

* 민트 : 뾰족해요. 길쭉한데 짧아. 누르니까 아파.
* 보라 : 이쑤시개!
* 민트 : 근데 동글동글해.
* 빨강 : 밤!

첫 번째는 내가 힌트를 많이 주고서야 솔방울이라고 맞혔다.

* 보라 : 약간 매끈매끈해.
* 파랑 : 나뭇잎!
* 보라 : 땡, 누르면 터져.
* 빨강 : 폭탄! 아니, 벌레! (윽, 빨강아, 네 머리엔 뭐가 들었는지 궁금하구나.)
* 보라 : 2단계로 넘어가도 돼요? 물건 집어넣을 때 쓰는 거. 투명합니다.
* 민트 : 아, 그거, 그거! 그 뭐냐, 동그라미 터지는 거!
* 파랑 : 아, 나도 알아. 그거. 딱딱 소리 나는 거!
* 빨강 : 뽁뽁이!!!

이런 식으로 거칠거칠한 때밀이 수건, 부드러운 고양이 털 뭉치 (어려울 거 같은 걸 대번에 맞히는 보라는 뭐냐!), 딱딱하면서도 부드러운 지우개, 매끈매끈하고 뜨거운 핫팩, 만지는 기분이 좋은 쌀, 차갑고 매끈하면서도 우툴두툴한 500원짜리 동전... 하나하나 하느라 시간이 훌쩍 흘러서 촉감을 표현하는 말을 쓰려던 활동은 하지 않았다. 감각 상자 놀이를 하고 잠시 쉬었는데 그 시간에도 파랑이는 더 하고 싶다고 한다. 귤, 물티슈, 안경 닦이 같은 걸 만져보고 다 알아내고는 좋아한다.

<초콜릿 때문에 전자레인지를 만들었다고?>를 이야기 치마 위에서 읽어주며 수업을 마무리했다. 전자파가 음식을 데울 수도 있다는 것을 발견한 스펜서 씨에게 경의를 표하며, 또 처음에 전자레인지는 사람 키만큼 크고 엄청 비싸다는 것에 경악하며 잘 듣는다.

뒷정리를 하고 나서는데 현관 앞마당에 파랑이가 서 있다.
"선생님, 집에 가요? 나도 같이 가고 싶다."고 한다.
"벌써 보고 싶구나. 나도! 일주일 동안 잘 참을 수 있게 충전해 줄까?" 하며 꼭 안았다. 언제 나타났는지 빨강이가 와서 등을 보이며 자기도 충전해 달라 한다. 백허그를 아는군.

버스 안에서 H의 문자를 받았다.

* H : 오늘 수업 때 무슨 일이 있었나요??
* 나 : 아뇨. 특별한 일은 없었는데 무슨 일로 그러시나요?
* H : 애들이 핸드폰을 숨겨놓았다고 전달받아서요.

아아아, 이런! 쉬는 시간에 핸드폰이 안 보여서 사무실에 갔더니 H는 부재중이라 다른 분께, 핸드폰이 안 보인다고 전화를 좀 걸어달라고 했었는데 아이들이 핸드폰을 숨겨놓았다고 오해를 하신 모양이다. 당황스럽고 조금 씁쓸했다.

오해를 풀고 문자가 이어졌다.

* 나 : 아까 주신 초콜릿 하나씩 먹고 제가 봉지째 가져왔어요. 다음 시간에 여러 가지 향의 초콜릿이 필요한데 수업에 쓸게요.
* H : 여러 맛 초콜릿이 생겼으니 수업 때 쓰세요. 초콜릿이 주제여서 교육자료로 쓰는 것이니 언제든 말씀해 주세요.

하아, 일을 하려면 H처럼 이렇게 해야지. 접때는 아이들 데리고 제주 갈 건데 이번 주제가 초콜릿이니 초콜릿박물관에 가 보면 어떨까 물어보셨다! 일을 해야만 하는 것, 해치워야 하는 것이라고 생각하는 사람은 이런 제안을 하지 못한다. 역시 무슨 일을 하는가보다 어떻게 하느냐가 중요하다.

학교에서 주제 탐구를 할 때는 아침 열기(조회)부터 하루 닫기(종례)까지 주제와 연관된 일상을 보냈다. 주제에 맞는 책을 교실 책꽂이에 꽂아두고, 주제와 연관된 그림이나 사진을 벽에 붙여 두었다. 국어 시간에는 주제에 걸맞은 시를 읽고, 음악 시간에도 관련된 노래를 하고 점심시간에도 그 주제로 이야기를 나누며 밥을 먹었다. 주제와 연관된 옷을 입거나 귀고리를 하기도 했다. 간혹 부모님들 중에서 집에서도 주제 탐구의 주제와 이어진 이야기나 활동을 하시는 분들이 있었는데 그분들의 공통점은 여유가 있고 아이들을 찬찬히 잘 살피는 분들이라는 것이다. H가 그런 사람이다. 내가 복도 많지, 이런 담당자가 있는 보육원에 오게 되다니! 아이들이 이런 분과 함께 커간다 생각하니 괜히 내가 안심이 된다.

03
벚꽃 향 초콜릿, 구름 냄새

아이들만 발견하는 말이 있다. 아이들의 세상에서는 딸기향이 달콤해지면 벚꽃 향이 되고, 구름에도 냄새가 있다. 그런 말을 듣는 순간 뿌연 세상이 환해진다.

* 보라 : 화요일에 영어 듣기평가 (어려웠다고)
* 파랑 : TV를 보다가 늦었어요 (H에게 딱밤 맞았다고)
* 민트 : 제주도에 갈려다가 못 감 (아아! 아이들이 그토록 기다리던 제주 여행이 취소됨)
* 빨강 : 제주도를 가다 못 가 슬픔 (가다 돌아온 게 아니지만 마음은 그랬던 듯)

코로나19 때문이다. 작년 이맘때는 이런 삶을 상상도 하지 못했다. 가고 싶은 곳 가고, 만나고 싶은 사람 만나며 살았는데 1년 사이에 너무나 많은 것이 달라졌다. 모두가 힘들지만 특히 시설에서 사는 사람들은 너무 답답할 거 같다. 한 명이 감염되면 시설 전체가 코호트격리가 되니 통제를 할 수밖에 없겠지만 이렇게 길어지면은 지레 마음의 병이 먼저 나겠다 싶기도 하다. 이럴 때일수록 슬기롭게 일상을 유지하는 것이 중요하다. 내가 아이들을 만나는 이곳은 최선을 다해 방역에 힘쓰면서 일상을 이어 나가고 있고 나도 그 기조에 동의한다. KF94 마스크를 쓰고 휴대용 손소독제를 주머니에 넣고 갔다. 오늘은 초콜릿 향을 맡고 먹어보는 날. 혹시 모르니 냄새 맡을 때도 마스크를 잘 쓰고 있으라고 당부했다.

우선 교재 공책(교재인 리북 뒤에 백지 몇 페이지가 더 있다)에 '숨은 향을 찾아라'라고 쓰고 표를 그렸다. 여덟 줄, 세 칸 표를 만드는데 파랑이에게 물어보니 표 만들기는 처음이란다. 처음 하는 경험이 많은 사람, 그런 사람이 어린이가 아닐까 생각한다. '어린이는 어떤 경험을 하는지에 따라 다른 사람이 될 가능성이 있다. 반면에 어른은 처음 하는 경험이 별로 없어서 변화가 힘든 걸까? 늙는다는 건 익숙해진다는 것이고 변화 가능성이 줄어든다는 것일지도 모르겠다.' 잠시 딴생각을 하는데 네 명의 아이들이 표를 다 그려놨다. 가로에 번호, 냄새, 맛이라 쓰고 세로에 번호를 매겼다.

본격적으로 숨은 향을 찾기 전에 칠판에 사람을 그리고 감각을 탐구하는 이유를 설명했다.
"한 사람이 있어요. 이 사람 주변을 세상이라고 불러요. 이 사람이 세상을 알고 연결하는 데 필요한 것이 바로 감각이에요. 감각을 통해 세상을 이해하는 거죠. 감각에는 어떤 것들이 있나요? 우선 눈으로 보고..." 말이 떨어지기가 무섭게
"냄새 맡고! 만지고! 맛보고! 느끼고! 듣고!"
세상에 이런 똑똑한 어린이들 같으니라고!

초콜릿 첫 시간에 보고 맛보았고, 둘째 시간에 만졌고, 오늘 이 시간에는 냄새를 맡을 거라며 손바닥만 한 접시와 하얀 니트릴 장갑을 나눠주었다. 일곱 가지 향기의 초콜릿을 조금씩 쪼개어 접시에 놔주면 장갑으로 집어 냄새를 맡고 기록을 한다. 그다음 맛을 보고 기록하고. 보라가 말한다. "어, 우리 박사님이에요?" 서로 둘러보더니 박사님 같다, 진짜 연구소 같다 너스레를 떤다.

처음은 민트향 초콜릿. 빨강이는 매운 치약 향이 난다고 썼다. 그렇지, 그래서 나도 민트향 아이스크림 잘 안 먹는단다. 녹차, 바나나, 감귤 향은 모두 맞혔다. 포도 향은 모두 아무 냄새가 안 난단다. 그걸 무향이라 한다고 알려줬다. 보라만 블루베리 향을 찾아내고는 "하.하.하!" 으스댄다. 딸기향 초콜릿 냄새를 맡는데 빨강이가 "벚꽃 향이다!" 이러니까 또 모두들 "그러네. 진짜 벚꽃 냄새네." 한다. 어디? 나도 냄새를 맡아본다. 약한 딸기향에 달큰한 향이 어우러지니까 정말 벚꽃이다.

내가 키우는 바질을 따가서 냄새를 맡아보게 했다. 민트는 자기 스타일이 아니란다. 보라는 카레 향이 난다 하고. 먹어보라고 하니까 파랑이가 기겁을 하면서 "나뭇잎을 먹어도 돼요?" 이런다. 상추 안 먹니? 흐흐. 아이들에게 바질 향은 낯선 향이다. 나중에 피자나 파스타 먹을 때 이 향이 기억날 거라고 알려줬다.

옆에 앉아 있던 파랑이가 내 옷에 코를 박더니 좋은 냄새가 난다고 하자 빨강이도 질세라 냄새를 맡으러 온다. 특정한 장소나 사람에게 나는 냄새에 대해 이야기를 나누다가 냄새로 각자 생각그물 그려보는 활동으로 넘어간다. 나는 아궁이에서 타는 나무 냄새가 좋다고 했다.

낙엽, 나무껍질, 꿀, 커피, 코코아, 토끼 냄새, 비 냄새, 햇빛 냄새, 구름 냄새까지 아이들이 기억하는 냄새가 재미나다.

오늘 지각을 한 파랑이가 처음부터 붕 떠 있다. 순식간에 바닥에 눕거나 현관 신발장 문을 열어 놓고 오거나 아주 정신이 없다. 숨을 세 번 쉬게 했지만 그것도 장난이 된다. 중간에 화장실을 다녀올 때도 '나 좀 봐 달라'는 몸짓을 온몸으로 하며 요란하게 다녀온다. 그런데 읽기를 할 때는 집중을 한다. <양치질을 했는데 이가 썩었다>를 돌아가며 읽는데 읽기용 자를 대고 놓치지 않는다. 아이들이 큰따옴표 있는 대화도 밋밋하게 읽길래 좀 더 생생하게 읽어보자 했더니 악어 씨와 치과의사 릴라 샘 역을 곧잘 해낸다.

책을 읽고는 입 냄새가 안 나게 양치하는 비법을 공유했다. 보라는 오래 닦고 민트는 혀를 닦는다고 한다. 파랑이와 빨강이는 대충 닦는단다. 준비해 간 칫솔로 이 닦는 법을 알려주고 치간칫솔과 어금니 칫솔, 치실도 보여주며 사용 방법을 알려 줬다. 제법 진중하게 듣는다. 코로나 상황만 아니면 화장실 가서 다 써 보면 좋았을 텐데 아쉽다.

오늘부터 긴 흐름의 이야기를 읽어주기로 했다. 첫 책은 <전우치전>이다. 긴 이야기를 나누어 들을 때 아이들은 기분 좋은 기다림을 경험한다. 서로 거리가 너무 가까워서 코로나가 잠잠해질 때까지 이야기 치마는 사용을 안 하기로 했고 대신에 노트북에 파일을 담아가 보여주었다. 내가 혼자 읽어주는 것과 등장인물의 역할을 나누어 아이들이 함께 읽는 것 둘 중에 어떤 것이 좋을지 물었다. 대번에 함께 읽겠다고 하더니 한술 더 떠서 연극을 하고 싶다 한다. 전우치전 1, 2권을 다 끝내면 한 꼭지를 대본으로 만들어 연극을 해볼 수도 있겠다고 했다.

전우치는 보라가, 윤공은 파랑이가, 스님은 빨강이가, 마을 사람들은 민트가 맡기로 했다. 나는 해설을 읽었다. 여태까지 읽은 책 중에 몰입도가 가장 높다. 집중하지 못하면 아이 탓을 하기가 쉽다. 심지어 화가 나기도 한다. 하지만 아이에 맞는 재료를 찾아 제공하고 그 재료에 접근하도록 동기를 잘 건드려 주는 것이 교사나 부모의 역할이다. 너무 어렵거나 매력이 떨어지는 수업을 준비해 놓고 제대로 하지 않는다고 다그치거나 좌절했던 적이 나도 많았다. 교사 평가부터 해야 학생 평가가 의미가 있다.

1장 '도술을 배운 전우치'까지 읽었다. 도술을 배우겠다고 스승인 윤공을 떠나는 장면까지 읽고 멈추자 아이들이 탄성을 지른다. "조금만 더 읽으면 안 돼요?", "여기(도서관에) 전우치 있어요?", "이 책 어디서 샀어요?" 아주 안달이 났다. "미리 다 읽어보고 싶구나. 이 시간에 와서 같이 읽어요. 궁금한 걸 간직한 채 만나요." 하니까 언제 들어오셨는지 뒤에 서 있던 H가 한마디 한다. "너희들 학교 갈 때 예습 안 하잖아." <u>흐흐흐.</u>

오늘 좋았던 활동을 말해 보라니까 파랑이가 초콜릿 먹은 거랑 전우치 읽은 얘길 한다. 보라랑 민트는 생각그물 만든 거랑 양치질 배운 거 생각난다고 한다. 빨강이는 "전우치전 더 읽으면 안 돼요?" 이러고. 파랑이에게 고마운 게 있다고 하자 파랑이가 뭔데요, 뭔데요 하며 궁금해한다. 보라가 "잘 참고 앉아 있었잖아. 노력해서 고마운 거죠?" 한다. 보라야, 넌 내 대변인이구나. 내친김에 '고맙다, 친구야'를 해보자 제안했다. 이 시간에 고마운 일이 있었으면 서로 말해 보자고.

파랑이가 대뜸 "선생님 고맙습니다." 이런다. 내가 "뭐가 고마운데요? 고마움 받을 준비 돼 있으니 딱 꼬집어서 뭐가 고마운지 말해 줘요." 하자, 파랑이 대신 빨강이가 "초콜릿 주셔서 고마워요. 그리고 보라 누나가 내 제자가 돼 줘서 고마워요." 이런다. 전우치전 말하는 거다.

보라도 "전우치전 보여주신 거 진짜 고마워요." 한다.

　민트한테 마스크 잘 쓰고 있으라는 당부 들어줘서 고맙다고 말하는데 파랑이가 "저는요?", 빨강이한테 쉬는 시간에 목소리 낮추고 높은 데 올라가지 말자는 규칙 지켜 줘서 고맙다고 말하는데 파랑이가 "저는요?", 보라한테 재미난 아이디어 내주고 하는 활동마다 충실히 해주어 고맙다고 말하는데 파랑이가 "저는요?"

　"아이쿠야, 파랑아, 넌 맨 처음에 했잖니?" 그러니까 그제서야 "아, 맞다!" 이런다. 또 듣고 싶은가 보다. 다시 한번 <양치질을 했는데 이가 썩었다> 읽을 때부터 집중하려고 노력해서 고맙다고 말해주었다.

　뒷정리하는데 이 아이들, 도서관을 뒤지고 있다. 전우치전이 있나 하고. 하하하!

04
맨날 듣고 싶은 소리

이번 코로나 유행은 예사롭지가 않다. 거리두기가 오래갈 모양이다. 공백이 길어지면 어쩌나 걱정을 하다가 화상회의 앱으로 아이들을 만나기로 했다. 그리고 그 선택은 뜻밖의 결과를 가져왔다. 얌전해졌다! 잘 듣는다! 장난을 덜 친다! 아, 나도 어쩔 수 없는 선생인가 보다. 이 낯선 반응에 입꼬리가 올라가고 가슴이 막 벅차기까지 한 걸 보면. 물론 더 해봐야 알겠지만.

H가 애를 썼다. 어떻게 하면 좋을지 함께 의논했다. 큰 티비를 앞에 두고 렌즈가 달린 노트북을 준비해 주셨고 바뀐 수업환경을 사진으로

보내주셨다. 아이들이 오기 전 의자 배치를 점검하고 음량도 확인해 보았다. 화상회의는 꽤 많이 해봤지만 호스트로서는 처음이라 살짝 긴장이 됐다.

민트랑 보라가 왔다. 화면 너머로 보니 다시 처음 만나는 기분이다. 아이들은 내가 크게 보일 텐데 나는 아이들 얼굴이 또렷이 보이지 않는다. 빨강이는 병원에 가서 참여를 못 한다고 한다. 파랑이는 오늘도 지각이다. 이 작은 꼬맹이는 지난번처럼 넋 놓고 티비를 보다 뛰어 내려왔을 것이다. 자신의 일상이 머릿속에 있어서 시간을 맞춰 오가고 준비물을 챙기고 다른 계획을 세우고 하는 일은 그래, 어른이라도 힘들지. 스스로 할 수 있을 때까지는 누군가 미리 알려주거나 물어보고 확인해야지.

빨강이가 없어서인지 온라인으로 만나 서먹해져서인지 지난번 그 까불이들이 아니다. 노래도, 한 주 지낸 이야기도 조신하게들 한다.

* 파랑이 : ○○이 형 누구한테 고백 (이게 파랑이에게는 최고의 뉴스인가 보다)
* 보라 : 학교 가서 영어 듣기평가 (영어 듣기평가는 왜 이리 자주 하는 것인가)

민트는 패스! 암만! 누구나 패스할 권리가 있지.

초콜릿 마지막 시간, 그동안 보고 만지고 맛보고 냄새 맡으며 감각을 써봤다면 오늘은 듣기에 초점을 맞춰 수업이 진행될 거라고 알려 줬다. 이야기를 읽기 전에 그동안 모은 평화 동전 개수를 확인하고 오늘 것까지 합해 택배로 보내기로 했다. 오늘까지 하면 스무 개가 넘겠다고 아이들이 기대를 한다. 키*스 초콜릿을 사 뒀는데 너무 작아 실망하는 건 아닐까 멈칫했다.

오늘 읽을 <달콤한 실수>는 실수로부터 새로운 것이 만들어지는 이야기라 먼저 그런 예들을 살펴봤다. 미리 준비한 그림 자료를 띄웠다. 강력접착제를 만들려다 실패했지만 그것으로 포스트잇을 만들게 된 이야기, 면발 뽑는 구멍 크기 조절을 잘못해서 탄생한 쫄면 이야기, 스테이크 다지는 도구를 실수로 와플에 두드려서 지금의 와플 모양이 된 이야기, 초코 반죽을 미리 준비하지 못해 반죽에 초콜릿을 그냥 넣어서 만든 초코칩쿠키 이야기까지. 아이들이 재미나게 듣는다.

실수로 초콜릿에 뜨거운 우유를 부어서 가나슈 크림이 탄생한 이야기 <달콤한 실수>를 돌아가며 읽을 때도 아이들은 듣도 보도 못한 집중력을 발휘한다. 네 차례가 아닌데 왜 읽냐, 네 차례인데 왜 안 읽냐, 한 문장만 읽어야지 왜 더 읽냐, 이러지 않는다. 잠깐 읽을 데를 놓치면 어디라고 가르쳐 주기도 한다. 동전의 힘인가, 새로운 환경의 영향인가, 아니면 아이들이 달라졌나.

"오늘 수업이 물 흐르듯이 잘 가는데요? 저를 온라인으로 만나는 것이 더 편한가요?"라고 말할 정도로 낯선 모습인데 몹시 만족스럽다.

실수하거나 준비를 못 하거나 망치거나 하는 순간이 바로 새로운 것을 만들거나 발견하거나 배울 수 있는 순간이라며 우리도 실수한 이야기를 해보자 했다. 아무도 말이 없다.

"여러분은 실수를 안 해요?" 묻자 파랑이가 "네!" 자랑스럽게 대답한다.

아, 실수는 나쁜 것이로구나. 이 아이들처럼 여럿이 함께 살아야 하는 공간에서는 착착 잘 해내야만 인정받고 사랑받겠구나. 보육원만 그럴까. 세상 모든 집, 학교, 일터에서 실수는 환영받지 못한다. 실수 다음에 이어지는 것은 비난과 책임이지 배움이 아니다. 그러니 실수를 이야기하는 것은 쉽지 않다.

내 얘기를 먼저 했다. 5학년 때 실수로 기차를 잘못 탄 이야기. 나 혼자 세 살배기 사촌 동생을 시골 작은집에 데려다주라는 미션을 받고 서울역에서 기차를 탔는데 내 자리에 다른 사람이 앉아 있었던 것. 20분 뒤에 출발하는 통일호를 타야 하는데 서 있던 줄이 움직이는 바람에 무궁화호를 타게 됐고 그 기차는 황간역 같은 작은 역에는 안 서는 열차였던 것. 실수를 해서 마음은 쿵쾅대고 이제 미아가 될 판이었는데 열차에 탄 사람들이 모두 나를 걱정해주고 자리도 양보해주고 해결책도 알려 줬다. 영동역에서 내려서는 역무원이 사정을 물어보고는 황간역 가는 버스에 나를 태워주며 버스비도 내주고 기사 아저씨께 나를 잘 부탁한다고 신신당부했다. 물론 작은집에 무사히 도착했다. 실수를 했지만 좋은 사람들을 만났고 나도 크면 그런 사람이 돼야지 하고 배우는 기회가 됐다는 얘기. 오, 아이들이 화면 가까이 다가와 있다. 눈이 초롱초롱하다.

나는 수업에서 내 이야기 들려주는 것을 좋아한다. 특히 만나는 학생들의 나이 때 겪은 일. 물론 아무 얘기나 하는 건 아니다. 수업 흐름에 맞아야 하고 귀 기울여 들을 만한 것이어야 한다. 그럴 때 학생들은 새로운 세계와 이어지고 나와의 관계도 두터워진다. 가장 사적인 이야기가 가장 보편적인 이야기라 하지 않나.

보라는 시험을 볼 때 진분수랑 가분수를 헷갈려서 잘못 썼는데 틀린 다음 확실히 알게 됐다 했고 민트도 자기도 그랬다고 한다. 보라는 또 미술 시간에 풀을 잘못 붙여서 떼서 다시 했는데 괜찮았다고도 말했다. 그렇지, 망쳤을 때 남들이 다 하는 거 말고 진짜 새로운 걸 만들어내지. 이야기를 나눈 다음 실수로부터 배운 경험을 글로 써 보는 시간. 파랑이는 '내가 실수한 적'이라는 제목으로 금요일에 줌에 들어가야 하는데 까먹고 못 들어간 얘기랑 책방 수업 10분 늦어서 샘한테 꿀밤 맞은 얘기를 썼는데 읽지는 않는다. 보라와 민트도 마찬가지. 실수한 걸 말할 수 있는 용기는 최고의 용기라고, 오늘 얘기는 다 비밀로 하자고 해도 여전히 자신이 쓴 글을 읽는 것은 쑥스러운가 보다. 옆에 있으면 내가 좀 봐주련만 우린 화면을 마주하고 있다. 말로 할 때보다 글로 쓸 때 왜 더 어려울까 물어보고 글쓰기를 잘하는 비법을 알려 줬다. 말하듯이 그대로 쓴다, 내가 쓰는 글이니까 내가 드러나야지. 자세히 쓰면 좋다, 읽는 사람이 생생하게 느낄 수 있게. 있었던 일 사이사이에 자기 생각이나 느낌을 써주면 더 좋고. 결국 글은 자기 생각이나 느낌을 전하고 싶어 쓰는 거니까.

쉬는 시간에 못 온다던 빨강이가 왔다. 손목에 혹이 생겨 병원에 갔는데 수술을 할지도 모른다고 야단이다. 나도 결절종 생긴 적 있다며 주사 치료로 할 수 있으니 걱정할 필요 없다고 안심시켰다. 쉬는 시간 끝날 무렵 아이들과 만난 적 있는 주성 님, 자홍 님을 화상회의에 초대했다. 빨강이가 기억난다고 소리를 지른다. 반갑게 인사를 나눴다. 온라인이라 좋은 점도 있구나.

모두 눈 감고 귀를 활짝 열어 주변에서 나는 소리를 들어봤다. 다섯 가지쯤 발견해 보자고 했는데 세 가지를 찾았다. 파랑이 숨소리, 아무 소리 안 들린다는 말소리, 책 옆으로 움직이는 소리, 평소에 잘 안 들리지만 귀 기울이면 나는 소리가 있다. 사람에게 입은 하나고 귀가 두 개인 이유를 생각해 보며 말하는 건 쉬운데 듣는 건 쉬운 일이 아님을 생각해 봤다. 그리고 나는 말을 잘 들어주는 사람인지(파랑이가 손을 번쩍 든다!), 누가 내 말을 잘 들어주는지 이야기 나눴다. 파랑이는 연두 샘이 잘 들어준다고 했고 민트도 파랑이 따라 연두란다. 보라는 빨강이라고 답했고, 빨강이는 자기 자신이라고 한다. 나를 내가 들어주다니! 자신을 잘 들여다보는 건 인간의 평생 숙제인데 벌써 시작하다니 역시 빨강이는 남다르다.

원래 만났으면 귓속말 전달하기를 하려고 했는데 만나지 못해서 다른 걸 해야겠다고 말하자마자 아이들은 이미 마음을 정했다. 해요, 해요!

우린 떨어져 있는데 어떻게 해?

"연두쌤! 지금 옷 입고 이리로 와요." 빨강이가 마음이 급해졌다.

내가 쓴 것을 화면에 비춰 한 명이 읽을 동안 모두 눈을 감고 있었다. 낱말 맞히기는 쉬웠는데 문장으로 넘어갔을 때는 어려웠는지 처음부터 끝까지 다 틀렸다.

낮말은 새가 듣고 밤말은 쥐가 듣는다, 가
낮말은 새가 듣고 밤에는 쥐가 듣는다, 가 되고
낮에는 새가 듣고 쥐가 된다, 로 바뀌더니
날마다 새가 듣고 쥐가 된다, 로 끝났다. 하하!

좀 더 쉬운 걸 할 걸 그랬다. 생각보다 말을 잘 듣고 잘 전하는 게 어렵다는 걸 알았겠지.

듣기 좋은 소리, 듣기 싫은 소리가 무엇무엇인지 돌아가며 이야기를 나눴다. 듣기 싫은 말은 욕, 시끄러운 소리, 비난하는 말, 쿵쾅대는 소리... 듣기 좋은 말은 칭찬하는 말, 좋아한다는 말... 까지 들었을 때 갑자기 공동 시 쓰기를 하면 좋겠다는 생각이 들었다. 한글파일을 띄어 함께 뺄 것은 빼고 제목을 정하고 느낌 있게 순서를 바꾸고 연을 나누고 조금 더 운율 있게 만들어 보았더니 이런 시가 나왔다.

맨날 듣고 싶은 소리

-파랑, 빨강, 보라, 민트, 연두

짹짹짹 새 소리   잘했다는 칭찬
매애애애 양 소리   무엇보다
음매애애 소 소리   좋아한다는 말
깨굴깨굴 개구리 소리
삐약삐약 병아리 소리
미야오미야오 고양이 소리

탁탁탁 파 써는 소리
사각사각 사과 깎는 소리
사알짝 책 넘기는 소리
연두가 치는 피아노 소리
휘잉 가을바람 소리
가을 아침 노랫소리
샤워기 물소리

다 다듬고 빨강이가 낭송을 했는데 가을 아침 멜로디에 맞춰 노래로 부른다. 아이들이 양희은의 가을 아침 노래를 아는 것이 놀라웠는데 알고 보니 아이유의 가을 아침이었다!

2. 초콜릿   97

3. 쌀

01
닭 키운 사람, 그릇 만든 사람

시간, 초콜릿에 이어 이번 주제는 쌀이다. 주제 탐구의 주제는 무엇이든 상관없지만 큰 흐름을 가지고 구성을 하는 것이 좋다. 시간에서는 '나'를 핵심 개념으로 놓고 나와 타인, 넓게는 지구의 시공간을 탐색했다면 초콜릿에서는 나와 세상을 연결하는 감각을 탐구했다. 그리고 이제 나를 존재하게 하는 필수요소인 쌀로 세상 탐구를 시작한다.

김지하의 시 <밥>에서 밥을 네모로 감추고 시를 읽었다. 그 안에 들어갈 말을 찾아보자 했더니 대번에 밥이라고 한다. 어찌 알았을까?

시인은 왜 밥을 하늘이라고 할까, 왜 밥 먹는 것을 몸속에 하늘을 모시는 것이라고 할까 물어봤다. 빨강이가 하늘로 올라가고 싶어서 그런 게 아닐까 의견을 말한다. 밥이 누구의 것이 아니고 모두의 것이라는 것을 아이들이 잘 이해할 수 있을까. 세상은 분명 그렇게 돌아가지 않으니 어쩌면 빨강이 말이 맞는지도 모르겠다. 하늘로 돌아가는 것은 누구에게나 공평한 이치니까.

쌀 사진과 밥, 면, 감자 같은 주식으로 먹는 음식 사진 자료로 슬슬 몸을 풀고 생각그물을 그렸다. 화상회의 앱에서 생각그물을 그리는 것이, 한글 기능 반의반도 모르는 반 컴맹인 내게는 쉬운 일이 아니다. 미리 배우고 연습을 해 두어서 제법 능숙하게 아이들의

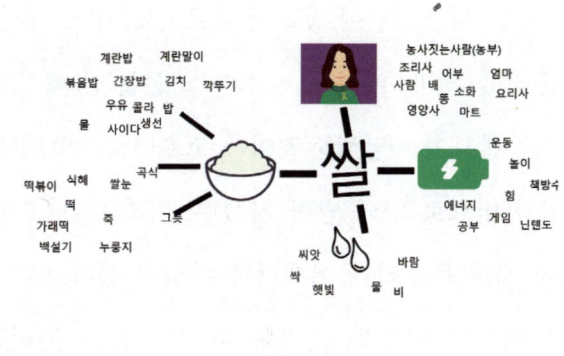

'쌀' 생각그물

말을 받아적을 수 있었다. 살면 살수록 배워야 하는 게 이렇게 더 많아지니 가끔은 골치가 아프지만 재미있기도 하다. 재미 중에 최고는 역시 배우는 재미 같다.

예상대로 밥부터 시작해 밥의 종류, 반찬들, 그리고 쌀로 만든 다른 음식들(떡, 식혜, 죽, 누룽지 등)이 줄줄이 나온다. 그리고 쌀을 키우는 물, 비, 햇빛, 바람 같은 자연, 쌀과 연관된 사람(농부, 어부, 요리사, 엄마 등)과 마트, 그릇도 나왔다. 중심가지에 건전지 그림을 넣어가서 그랬는지 에너지, 힘이란 낱말도 자연스럽게 나오고, 밥 먹고 생긴 에너지로 무얼 하냐 물었더니 운동, 놀이, 공부, 책방 수업, 닌텐도 같은 말들이 나온다. 이번 쌀 주제 탐구의 핵심 개념이 '돌고 도는 에너지'라 마침맞게 생각그물이 만들어졌다.

쉬는 시간 직전에 평화 동전 초콜릿(키*스 대신 동전 모양 초콜릿으로 준비했다)과 '미리 크리스마스 선물'인 목도리를 H가 나눠주셨다. 아침에 내가 배달해준 것이다. 코로나로 보육원에 외부인 출입이 어려워 H가 밖으로 나와 받아 가셨다. 미리 다 떴으면 택배로 부쳤을 텐데 네 개의 목도리가 어제서야 완성이 됐다. 아이들이 시끌벅적해졌다. 목도리에 매달린 편지를 떼지도 않고 둘러본다. 정말 예쁘다고, 고맙다고 하며 아주 신이 났다. 화면으로 가까이 와서 목에 두르거나 귀도리로 쓴 모습을 보여준다. 보라는 보라, 민트는 민트, 빨강이는 빨강, 파랑이는 파랑으로 떴다. 다 잘 어울린다. 쉬는 시간 끝나고 다시 비디오를 작동했더니 아직도 목도리를 하고 있다. 그리고 파랑이가 쉬는 시간에 쓴 답장을 화면에 비춰준다. 고맙다니 내가 더 고맙다.

교재의 첫 글 <세상에서 제일 맛있는 밥>을 돌아가며 읽을 때 아뿔싸! 인터넷 상태가 영 안 좋아졌다. 화면이 버벅거리더니 목소리도 들리다 말다 한다. 점점 심해져서 H가 이리 만져보고 저리 만져보고 하다 아예 끊겼다. 통화를 해보니, 학교를 못 가면서 초중고 아이들이 모두 온라인수업을 해서 와이파이가 이 모양이라고, 다음 시간에는 무슨 대책을 세워야겠다고 말씀하신다. 다시 화면이 켜졌을 때 아이들은 글을 다 읽어가고 있었다. 화면이 끊기든 말든 몰입해서 읽고 있다. H가 시켰을 수도 있지만 그 풍경은 가히 놀랍다. 왜 주인공이 할아버지 집에서 먹는 밥이 제일 맛있다고 할까 물어보니까 농사를 지어서 그렇단다. 무얼 직접 키워 먹어본 적이 있냐 하니 상추를 키워 먹어봤다고 한다. 그래서 그 마음을 아는구나!

<세상에서 제일 맛있는 밥>은 모를 심고 쌀을 수확해서 밥이 되기까지의 과정을 담은 콘텐츠다. 그 밥이 내게 오기까지의 과정을 책을 읽으며 알아봤다면 이제 나로 연결하기 위해 '나의 음식일지'를 썼다. 오늘 날짜를 쓰고 점심때 먹은 음식을 떠올리며 적었다. 그리고 그 음식들이 내게 오기까지 누구의 수고가 있었는지 죄 적어보았다.

처음에는 농부와 요리사 정도를 생각하던 아이들이 "쌀을 농부가 가져다주었나요?", "그 트럭은 도로를 달려왔을 텐데 그 도로는 누가 깔았을까요?"하며 생각을 확장시켜 주었다. 닭을 키운 사람, 그릇을 만든 사람, 배추 판 사람, 그 사람들 밥해 준 사람들까지 밥상으로 인드라망을 그려보았다. 세상에 나 혼자인 것 같을 때에도, 내가 잘나서 무엇을 이루어낸 것 같은 순간에도 밥상을 생각하면 그리 심하게 절망하지도 자만하지도 않게 된다. 그러니 밥은 하늘이 맞는 것 같다.

오늘 수업에서 좋았던 것, 새로 배운 것을 말해보자니까 아이들이 목도리랑 편지 얘기만 한다. 정말 좋았나 보다. 그래도 보라가 음식일지 쓴 걸 말해줘서 다행이다. 평화 동전 프로젝트를 계속 이어 하자더니 처음으로 10개를 모두 남겼다. 아직은 동전의 힘이 크지만 언젠가는 동전 없이도 서로 존중하는 태도가 몸에 배겠지. 수업 끝나고 나도 동전 모양 초콜릿 하나를 먹었다.

연두의 '미리 크리스마스 선물'

02
떡이 시려워, 떡!

아이들은 와이파이가 잘 잡히는 곳으로 장소를 바꿨는데 여전히 불안정했고 나는 화상회의 앱이 아직 서툴다. 이제 한동안은 온라인으로 수업을 해야 하는데 매주 이러면 어쩌나 싶기도 하지만 가진 조건 안에서 최선을 다할밖에. 가만, 어쩌면 온라인 수업은 코로나 상황이 끝나도 지속될지도 모른다. 미팅도 상담도 이미 화상으로 많이들 하니까. 수업이라고 다르랴. 무엇보다 수업은 온라인에 퍽 걸맞을지도 모른다. 그럼 학교도 교실도 필요 없을까? 코로나 상황이 길어지면서 교육이란 무엇인지, 사람은 무엇을 위해 사는지 생각이 많아진다. 그래도 나는 얼굴 맞대고 이야기 나누는 것이 훨씬 좋다.

현장에서 일어나는 배움은 화면 너머로 오가는 이것과는 비교할 수 없이 생생하다.

파랑이가 먼저 왔고 곧이어 민트, 보라, 빨강이가 등장했다. 가까이서 반갑게 맞이하고 싶어 모니터로 얼굴을 가까이 가져가 보지만 내 얼굴만 커진다. 시작 노래 부르고 10글자 지낸 이야기 나누고 나서 오늘의 소주제를 알려 주었다. 떡. 지난 시간 쌀을 중심에 놓고 생각그물도 짜 보았고 쌀과 음식이 우리에게 오는 과정에 누구의 땀이 녹아있을까 살펴보았다면 오늘은 쌀로 만든 음식 중 생각그물에도 나왔던 떡을 탐구해 보기로 한다.

교재에 있는 <맛있는 무지개>를 펼쳤다. 이번엔 글자 없이 그림으로만 된 텍스트다. 우리가 이야기를 만들자고 제안하니까 첫 그림을 보고 보라가 "비가 내립니다."라고 말한다. 이어서 "아이가 그림을 그리고 있습니다." 이러는데 아이들이 책에 뭔가 적고 있다. 그림 옆에 이야기를 다 쓸 모양이다. 시키지 않아도 하고 싶다는 좋은 신호다. 그럼 그렇지, 빨강이는 예외다. 굳이 쓸 필요를 못 느끼는 것이다. 대신 그림을 잘 살펴보고 이야기를 만들어간다. 할머니가 무지개떡을 만들고 아이도 거든다. 떡이 다 쪄졌을 때 비가 그치고 무지개가 뜬다.

책에서 익힌 떡 만드는 과정을 다시 정리해보고, 이번엔 밥 짓는 법에 대해 이야기를 나눴다. 파랑이가 밥을 지어봤다고 한다. 정말? 어디서? 구체적으로 물으니 씩 웃으며 말이 없다. 하하! 파랑이는 안 해본 것도 해봤다고 말하는 경향이 있다. 그런 방식으로 존재를 드러내지 않아도 인정받고 사랑받을 수 있다는 것을 아직 모르는 것이다. 고맙게도 아이들이 비난하지 않고 그냥 넘어간다. "아, 밥을 해보고 싶다는 거구나." 나도 정리를 해준다. 빨강이가 밥물 맞추는 방법을 정확히 알고 있다. 손등 위까지 물을 부으면 된단다. 밥할 때 쉭쉭 소리가 나면 불을 줄이는 것도 안다. 빨강이는 직접 해봤거나 밥하는 것을 유심히 본 적이 있는 거다.

이번에는 떡에 관한 속담을 공책에 적어보았다. 속담이 아이들에게 어려울 수도 있지만 우리말을 이해하는 데 중요하다. 어떤 상황에 딱 맞게 빗대어 표현한 문장이 속담이라고 알려 주었지만 자꾸 듣고 써야 알겠지. 초콜릿 수업 시간에 귓속말 전달하기에서 '콩 심은 데 콩 나고 팥 심은 데 팥 난다' 했던 것이 속담이라고 말해주자, '가는 말이 고와야 오는 말이 곱다'를 기억한다. 그렇지! 그런 게 바로 속담이야. 떡에 관한 속담이 생각보다 참 많다. 자주 쓰이고 아이들이 이해할 만한 것만 골랐다.

-그림의 떡
-누워서 떡 먹기
-미운 놈 떡 하나 더 준다
-떡 본 김에 제사 지낸다
-떡 줄 놈 생각도 안 하는데 김칫국부터 마신다
-어른 말 잘 들으면 자다가도 떡이 생긴다
-굿이나 보고 떡이나 먹어라.

    남자아이 둘의 그림의 떡은 닌텐도란다. 떡 본 김에 제사 지내기는 케이크 본 김에 생일파티 하기로 바꿔보기도 했다. 이 중 논란이 된 것은 '미운 놈 떡 하나 더 준다'와 '어른 말 잘 들으면 자다가도 떡이 생긴다'는 속담. 암만. 미운 놈 떡을 안 주기는 쉬워도 하나 더 주기는 어렵지. 눈 딱 감고 떡 하나 더 줘보면 어떤 일이 벌어질까. 어른 말 잘 들으면 자다가도 떡이 생긴다는 말도 그렇다. 아무래도 어른들이 아이들을 쉽게 다루려고 만든 말 같단 말이지. 나도 어른인지라, 한번 잘 들어보고 자다가 떡이 생기나 안 생기나 보면 되겠다고 꼰대스럽게 말해본다. 그밖에도 쌀이나 숭늉, 죽이 들어간 속담도 보여줬다. 한번 들어보면 나중에 들었을 때 낯설지는 않을 테니까.

    이번엔 떡 노래를 배워보자 하니 "떡이 시려워, 떡!" 겨울바람 노래를 개사해 부른다. 어디서 이런 상상이 나오는 걸까. 아이들을 만나는 일은 이래서 즐겁다. 민요인 떡 노래 가사를 띄워놓고 유튜브를 틀었는데 아이들이 소리가 작게 들린다고 한다. 아, 내 노트북에서 나는 소리가 들리는 거구나. 뭔가 잘못됐다. 이리저리 해보다가 H가 유튜브를 직접 틀어주셨다. 나 혼자 속으로 '역시 환상의 콤비군' 생각한다. 교사가 실수할 때가 아이들이 배울 때다. 실수해도 괜찮은 거구나, 배우면 되는구나 하고. 실수가 너무 잦으면 그런 배움이 일어날 틈도 없이 짜증부터 나겠지만 가끔 하는 실수는 어른도, 교사도 배우는 과정에 있는 사람임을 보여줄 좋은 기회다. 나중에 자홍 님이랑 주성 님에게 소리 공유 설정하는 법을 배웠다.

어쨌든 떡 노래를 몇 번 들으며 따라 부르고 가사를 바꿔보았다. '산중 사람은 칡가래떡, 해변 사람은 갈파래떡, 강가 사람은 강냉이떡' 같은 원래 가사처럼 우리는 서울 사람은... 부산 사람은... 인천 사람은... 제주도 사람은... 이라고 고쳐보자 했다. 대신 지명이랑 초성이 같은 떡을 넣어보자고. 물론 설명은 쉬운 말로 했다. 먼저 보라가 손을 들고 운을 뗀다. "서울 사람은 시루떡!" 그러자 민트도 손을 든다. 손만 들었다. "부산 사람은..." 아직 생각이 다 안 끝났지만 하고 싶은 거다. 이런 순간이 참 좋다. "비읍으로 시작하는 떡이 뭐가 있을까요?" 누군가 "비읍떡!"이라고 말한다. 모두 웃는데 민트가 조용히 말한다. "바람떡."

그렇게 인천 사람은 인절미, 제주도 사람은 조랭이떡까지 개사를 잘 마쳤다. 아이들 이름에 좋아하는 떡을 넣어보기도 했다. 파랑이는 백설기, 빨강이는 시루떡, 보라는 꿀떡, 민트는 가래떡!

전우치를 읽는 시간. 아이들이 화면 앞으로 모여든다. 민트가 전우치를 하겠다고 선언하고 빨강이는 고직, 보라는 한자경을 맡았다. 막내 파랑이가 늘 마지막에 남는다. 해설을 해줄 수 있냐 하니 표정은 성에 안 차는 듯한데 또 한단다. 그러더니 맛깔나게 해설을 읽는다. 파랑이는 여전히 자기 차례를 놓치기 일쑤인데 달라진 게 있다면 다른 아이들의 태도다. 파랑이가 읽을 차례에 가만히 있을 때 조금 기다려 본다. 그래도 안 읽으면 네 차례라며 알려 준다. 처음 수업할 때를 떠올리면 장족의 발전이다. 다 읽고 나서 연두가 여러분을 관찰했는데 멋지게 기다려주더라면서 보며 생각한 것을 얘기해주었다. 듣고 있는 아이들 표정을 보니 진지하고 뿌듯해 보였다.

오늘도 머리를 쓰다듬으며 수고한 자신에게, 또 서로에게 고개 숙여 고맙다 인사하며 헤어졌다...고 생각했는데 다시 화면 앞으로 다가와 얼굴을 디밀고 인사를 한다. 나도! 나도 어서 만나고 싶어.

03
채팅창을 보세요!

한 해를 보내고 다시 만난 아이들. 이제 아홉, 열, 열한 살이 되었다. 눈이 많이 왔는데 눈싸움은 했냐 물으니 그마저도 자유롭지 않은지 보라만 잠깐 나가 눈을 밟고 들어왔다 한다. 눈 오면 강아지마냥 신나게 뛰어다니며 눈싸움도 하고 눈사람과 눈천사도 만들고 싶을 텐데 눈이 암만 많이 와도 코로나를 못 이기는구나.

새해 첫 시간이므로 지낸 이야기 나누는 대신 새해 소원을 말해보았다. 먼저 빨강이. "부자 되게 해 주세요. 아, 또 초능력자 되게 해 주세요." 빨강이 이 사랑스러운 캐릭터! 그다음은 웬일로 민트가 손을 든다. "어른이 되게 해 주세요." 빨리 어른이 되어 자유롭고 싶구나. 그리고 보라. "빨리 코로나 없어지고 밖에 나가게 해 주세요." 나도, 나도! 아이들도 모두 소리친다. 막내 파랑이는 소원이 없단다. 흥이 안 나는 건지 정말 소원이 없는 건지 더 깊은 이야기를 못 나누고 패스할 권리를 보장해 주었다.

동전 모은 개수를 확인하고 곧장 포스트잇 게임을 했다. 이마에 포스트잇을 붙이고는 두 팔은 깁스를 한 것처럼 굽히지 않고 포스트잇 떼기 미션을 주었다. 그리고 예상대로 아이들은 한바탕 소란을 피우며 고개를 흔들고 얼굴을 찡그려보며 포스트잇을 떼려 했다. 보라는 머리카락을 휘날려 뗀다. 빨강이는 책장에 얼굴을 문질러 떼고 파랑이도 헤드뱅잉을 열심히 한다. 민트는 그런 아이들을 보며 고개를 젖히고 연신 웃기만 한다. 다시 포스트잇을 붙이고 보다 쉽게 뗄 수 있는 방법이 있다고 알려 줬다. 관절을 굽히지 않은 채로 내가 나의 것을 뗄 수는 없지만 가능한 방법이 있다고 하니까 강시 팔을 하고서 서로 떼어준다.

이어서 <수저 마을 이야기>를 읽는다. 수저 마을의 길쭉한 수저로는 밥을 잘 뜰 수도 입에 넣을 수도 없으니까 서로 배고프다며 싸운다.

어떤 방법으로 밥을 먹을 수 있을까 물어보니 눈치 빠른 빨강이, 서로 먹여준다고 대답한다. 빙고! 수저 마을의 수저로 밥을 먹으면 왜 더 맛있게 느껴진다고 할까 물어보니 이번에는 보라가 "자기만 먹는 게 아니라 딴 사람도 먹여주고 좋아하니까 그걸 보고 있으니까 자기도 기분이 좋아요." 문장은 좀 흐트러져 있지만 또랑또랑 자신 있게 말한다.

혼자서는 힘든 일을 다른 사람에게 도움을 받아 편했거나 더 행복했던 적이 있나 물었는데 빨강이가 ○○이 형이 무거운 물건을 나눠 들어줬다고 했다. 그렇게 사람들은 도움을 주고받으며 사는 거고 그럴 때 행복함을 느낀다고 말하며 "나 혼자서 잘 살 수 있다고 생각하는 사람!"이라고 확인 사살을 한 것이 화근이다. 빨강이가 "저요!"하며 대번에 물 만난 물고기가 된다.

* 사람이 아무도 없으면 먹을 것도 많고 장난감도 많고 다 훔쳐가서 먹고 놀 수 있잖아요.
* 시간이 지나서 음식이 떨어지면 어쩌려고?
* 비행기 타고 딴 나라 가서 또 훔쳐서 먹고살지요.
* 비행기 운전은 누가 해?
* 그럼... 농사를 지으면 되지요.

* 농사를 혼자 짓는다고? 볍씨를 누구한테 얻을 건데? 아프면?

그렇게 만담을 좀 나누다가 더 길어지면 안 되겠다 싶어서 맺음을 하려고 이렇게 말했다.

"빨강이는 자유롭고 싶은가 봐. 연두는 세상을 혼자 살 수 없으니 서로 도움을 주고받아야 한다고 말하고 싶었는데 빨강이는 혼자 살 수 있다고 주장하는 거구나. 그래, 빨강이라면 그럴 수도 있겠다 싶네. 네 생각을 존중해." 그러나 탄력을 받은 빨강이는 멈출 생각이 없다. 혼자 사는 세상을 상상하며 신나게 이야기를 이어간다. 다른 아이들 의견을 물어봤더니 보라랑 민트는 "난 반대!"란다. 파랑이는 혼자는 안 되고 빨강이 형이 있으면 좋겠다 한다. 아이쿠.

"빨강이 하고 싶은 얘기가 되게 많구나. 그걸 글로 써 봐. 그런 세상에서 어떻게 살고 무얼 하고 살지를 글로 쓰면 재미있겠다."

음식일지 써보며 발견했듯이 이미 우리는 많은 사람의 도움을 받으면서 살 수밖에 없고 나도 누군가에게 도움을 줄 수도 있다고 마무리하며 쉬는 시간을 가졌다.

빨강이는 어른이 그려놓은 좋은 그림 안에서 놀기를 원하는 사람이 아니다. 왜 그래야 하나 묻고 이럴 수도 있지 않나 말하는 타입이다. 어른들은 대체로 빨강이 같은 사람을 달가워하지 않는다. 딴지 거는 느낌이고 분위기를 흐린다고 생각할 수 있다. 나도 좀 말렸다는 생각도 들었지만 빨강이의 말 그 너머의 욕구가 무엇인지 궁금해졌다.

쉬는 시간이 다 안 끝났는데 파랑이가 "연두 샘!" 부른다.
"왜 불렀어, 파랑아?"
"그냥 한번 불러 봤어요."
"그랬어? 싱겁기는! 소금을 좀 뿌려줄까?"

다음 텍스트 <웃기려고 쓴 글>은 참기름과 비빔밥이 싸우다 경찰서에 가게 됐는데 왜 갔을까 하는 내용이다. 왜 갔을까? 참기름이 고소해서! 오렌지를 먹은 지 얼마나 오랜지, 바나나 먹으면 나한테 반하나?도 말해주니 보라랑 민트가 웃겨 죽는시늉을 한다. 전주비빔밥보다 신선한 비빔밥은? 가장 뜨거운 과일은? 인도는 몇 시? 같은 말놀이 퀴즈를 몇 개 더 했다. 고소하다처럼 발음은 같은데 뜻은 다른 말들을 찾아내 봤다. 배, 타다, 알러브유(알려줘요,란다.), 눈, 이, 산, 연기... 연기는 불에서 나는 연기, 배우가 하는 연기가 있다고 하길래 다음으로 넘어가려 했더니 "약속을 미루는 거요!" 아이들이 한꺼번에 말한다. 그래, 그 연기도 있구나!

말놀이의 하나인 연상 놀이로 넘어간다. 어떤 말을 듣고 떠오르는 말을 하면 되는데 말과 말 사이의 거리가 너무 가까우면 재미없고 너무 멀면 이해하기 힘드니까 적당한 거리의 말을 찾아내는 거다. 복숭아 했는데 사과라 하면 재미없는데 뺨이라고 하면 이 말과 저 말 사이를 상상하며 재미나진다고 예를 들어주고 모양이 닮은 것도, 발음이 비슷한 것도 좋다고 알려줬다. 이번 주제인 쌀로 시작한 연상 놀이는 이렇게 이어졌다.

쌀-물방울-물통-물컵-깡통-철-철사-끈-밧줄-뱀-지렁이-젤리-재미-개미-음식-치킨-다리-집-이불-잠바-바나나

보라는 거리가 있는 낱말을 연상하는 것이 어렵다. 물방울에서 물컵, 뱀에서 지렁이처럼 조심스럽다. 마지막에 집에서 거실을 떠올리기에 집에 대한 느낌을 물었다. 따뜻하다고 했다. 따뜻한 다른 말을 떠올려보라고 하니 드디어 이불을 연상했다! 빨강이는 쌀에서 물방울(모양이 비슷), 밧줄에서 뱀(모양이 비슷), 다리에서 집(사는 집이 길쭉하고 높단다)을 연상했다. 이 놀이의 핵심을 아는 게다. 민트는 생각을 오래 한다. 신중하다. 너무 길어질 때 생각의 물꼬를 열어줄 질문을 해주면 또 곧잘 말한다. 처음에 감을 잘 못 잡던 파랑이가 젤리에서 재미를, 잠바에서 바나나를 떠올리는 순간 모두

환하게 웃었다.

<원숭이 엉덩이는 빨개> 노래를 아냐고 묻자 '높으면 백두산'까지 후루룩 다 부른다. 아냐고만 물었는데. 그 노래로 연상 놀이를 하자고 했다. '우리가 먹는 쌀은~'으로 시작해서 쌀로 끝내보자고 제안했더니 아이들이 이런 노래를 만들었다.

우리가 먹는 쌀은 하얘
하야면 책
책은 딱딱해
딱딱한 건 의자
의자는 더러워
더러운 건 쓰레기
쓰레기는 냄새나
냄새나면 꽃
꽃은 예쁘다
예쁜 건 새싹
새싹은 작아
작은 건 쌀!!!

재미있었던 일. "냄새나면 꽃, 꽃은..." 했더니 '꽃은 참 예쁘다' 노래를 합창한다. 이제 꽃이란 말만 들어도 이 노래가 술술 나오는구나 싶어 내

입이 귀에 걸린다. 예쁜 건 바로 너희들이구나! 그리고 우리의 빨강이, "예쁜 건 여자"란다. 그건 다르게 해석될 수가 있다며 쓰고 싶지 않다고 했다. 무엇으로 할까 궁리하는데 파랑이가 채팅창에 답이 써 있다며 보라고 한다. 열어보니 어머! 연두라고 써 있다. 파랑이에게 고맙다만 너무 부끄러워서 다른 말을 골라 보자고 했다. 내가 어디 가서 이런 사랑을 받아볼까? 하하! 우리가 만든 노래를 다 같이 불러 보고 모두가 사랑하는 <전우치>를 읽었다. 오랜만에 참 많이 웃었다.

04
나는 힘이 세다, 그 힘으로

"어서 와요. 보고 싶었어. 파랑이가 오늘 시간을 딱 지켜서 왔군요."
 인사하고 노래하고 오늘은 지낸 이야기를 5글자로 말해보기로 했다. 내가 먼저 '안과는 싫어' 그랬더니 빨강이가 '이빨(나중에 잇몸으로 수정)에 혹이 나서 병원 갔다 왔다. 줄여서 치과 갔다 옴'이라고 했고, 민트가 'ㅇㅇㅇ 싫어'(학습지 싫다는 뜻), 파랑이도 'ㅇㅇㅇ 싫어', 보라가 '영어 싫어요'로 이어졌다. 성토대회가 되었다. 교사가 말을 어떻게 시작하냐가 이렇게 중요하다. 내가 잘못했네. 말 나온 김에 이야기를 좀 나눴다. 파랑이는 학습지를 많이 한다고 볼멘소리를 한다. "너무 많으면 힘들겠다, 그런데 너에게 도움은 돼?" 물어보니 또 얼른

"네!" 씩씩하게 답한다. 싫지만 나에게 도움이 되는 일은 어떻게 하는 게 좋을까, 내 실력을 위해서 참고 해보다가 너무 무리다 싶으면 샘들한테 얘기해서 줄이거나 다른 방식을 찾아보면 어떠냐 했다. 보라도 영어가 너무 어렵고 싫단다. 어렵지만 앞으로 못해도 10년은 공부해야 할 영어, 싫어하면 못하고 못하면 싫어지는 이 반복을 어찌할까, 기왕지사 할 거면 재미있게 하자, 수업 시작이 길어지면 곤란하니 그 방법은 다음에 만나서 가르쳐주마 하고 넘어갔다. 나는 중학생 때 처음 영어를 배웠는데 ABCD도 모르고 갔다가 주눅이 들었더랬다. 그런 나를 구원해준 것이 챈트와 노래. 보라에게도 이 방식이 맞을지는 모르겠지만 한번 권해 봐야지.

평화 동전 확인. 쌀 들어서면서 수업마다 10개씩 모아서 오늘도 10개 모은다면 모두 40개! 아이들과 처음 책방 수업 시작할 때를 떠올려보았다. 빨강이가 파랑이 놀리면 파랑이가 빨강이 쫓아가서 때리고, 네가 그랬잖아! 소리치고. 조금만 틀려도 욕을 하고... 그 얘길 했더니 애들이 웃는다. 언제 그랬냐는 듯, 먼 먼 옛날얘기 듣는 듯. 이번 동전 초콜릿은 택배로 부치겠다 하니 빨강이가 '집접' 오란다. 직접보다 집접이 더 절절해 보이지만 만나지도 못하는데 가면 뭐 하냐 했더니 화상통화로 보면 된다고. 하하! 우리가 지금 하고 있는 게 화상통화잖니. 아이들 아우성에 버스를 갈아타고 가게 생겼다. 좋은 날을 잡아 멀찍이서라도 보고 와야지. 이게 웬 생이별이냔 말이지.

 그동안 했던 시간, 초콜릿, 쌀 주제 탐구를 꼽아보며 우리가 몇 번째 만나는 날인지 세어 보았다. 세 주제를 네 번씩 했으니 삼사 십이. 열두 번째! 수학 공부도 하는 책방 수업이다. 오늘 쌀 마지막 날이니 잘 마무리를 해보자 다짐하고 시작!

 <내 친구가 잘하는 것>을 돌아가며 읽고 퀴즈로 내용을 잘 이해했는지 확인했다. 이 이야기의 주인공 두 명 이름은? 소풍 가서 게임 두 가지를 했는데 처음엔 스피드퀴즈, 두 번째는? 그러면서 짝이 된 주인공들 사이에 벌어졌던 일을 파악했다. 스피드퀴즈에서 사실 자기도 못 맞혔으면서 말을 느리게 하는 세민이 때문에 졌다며 화를 내던 조은이, 몸으로 말해요 게임에서 세민이가 잘하는 걸 보고 미안해졌다는 이야기를 아이들이 다 잘 이해한다. 한 번 읽었다고 이야기의 내용을 다 알기는 어렵다. 함께 이야기를 떠올리며 정리하는 데 퀴즈만 한 것이 없다. 퀴즈까지 하고 나서 내가 잘하는 것, 못하는 것 이야기를 나눴다.

 잽싸게 빨강이가 내뱉은 말… "못하는 건 못생긴 여자한테 이상한

짓 하기요." 더 구체적으로 물어보니 말을 얼버무린다. 빨강이는 성과 외모에 관심이 많다. 담당자 H와도 이 이야기를 나눈 적이 있는데 빨강이에게는 롤모델 삼을 만한 좋은 사람이 필요하다고 하셨다. 성교육도 필요해 보인다. 여기서 또 얘기가 길어질 수는 없어서 진지하게 대답해 달라고 부탁하고 다른 것은 더 생각나는 게 있냐 물었다. 아이쿠야, 아이들 넷 다 게임을 잘하는 것으로 꼽았다. 게임 외에 다른 것도 말해 달라 했지만 오로지 게임. 요새 집에만 있다 보니 게임 삼매경에 빠졌나 보다. 보라는 다리 찢기, 민트는 줄넘기를 못한다고 한다. 막내 파랑이는 거기서 힌트를 얻어서 게임, 다리 찢기, 줄넘기를 자신이 잘하는 것으로 발표했다.

이번에는 서로 잘하는 것을 말해주는 시간. 내 눈은 나에게 달려있어서 나를 잘 못 보지만 오히려 옆에 있는 사람이 잘 볼 수도 있으니까. 하지만 서로의 강점을 찾아내기란 쉽지 않다. 욕을 잘한다, 싸움 잘한다 그런 것 빼기로 했더니 할 말이 없다. 좀처럼 서로의 장점을 발견하는 일이 없었나 보다. 우리가 쌀이랑 음식을 먹고 얻은 에너지가 있고 그 에너지로 무엇인가 한다, 저절로 잘하게 된 것도 있고 잘 안되다가 노력해서 되는 것도 있을 게다, 걷고 뛰고 놀고 살아가는 일이 다 잘하는 일이라고 운을 떼어주었다. 그제서야 보라는 빨강이가 말을 잘한다 하고, 빨강이는 보라가 잘 먹는다, 보라는 파랑이가 달리기를 잘한다, 파랑이는 보라가 가만히 앉아있는 것을 잘한다고 했다. 가만히 앉아있는 것, 그렇지! 파랑이가 못 하는 건데 보라는 잘하는 것. 파랑이는 발견을 잘한다고 말해주었다.

쉬는 시간을 갖고 시화 그리기를 했다. 각자 시를 쓰는데 틀이 있다. '나는 힘이 세다. □□에서 힘을 얻는다. 그 힘으로 △△를 한다' 내게 힘을 주는 원천을 생각해 보고 그렇게 얻은 힘으로 나는 무엇을 하는지를 공책에 적어보고 발표했다. 다음 연은 나 말고 다른 것을 넣어서 '○○는 힘이 세다. □□에서 힘을 얻는다. 그 힘으로 △△를 한다'로 시를 썼다. '나무는 힘이 세다. 햇살에서 힘을 얻는다. 그 힘으로 그늘을 만든다' 같은 예를 몇 가지 들어주었다. 아이들이 두 연의 시를 완성하고 그림을 그려 넣을 때 나는 이것을 합해 공동창작시를 적었다. 마지막 연은 내가 붙였다.

우리는 힘이 세다

―파랑, 빨강, 보라, 민트, 연두 공동창작

나는 힘이 세다
밥에서 힘을 얻는다
그 힘으로 게임을 한다

나는 힘이 세다
게임에서 힘을 얻는다
그 힘으로 운동을 한다

나는 힘이 세다
운동에서 힘을 얻는다
그 힘으로 자동차를 움직이고 싶다

누나는 힘이 세다
게임에서 힘을 얻는다
그 힘으로 또 게임을 한다
바람은 힘이 세다

공기에서 힘을 얻는다
그 힘으로 풍차를 돌리고
사람들을 시원하게 해준다

배는 힘이 세다
바다에서 힘을 얻는다
그 힘으로 짐을 실어 나른다

우리는 힘이 세다
서로에게 힘을 얻는다
그 힘으로 또 무엇을 할까?

평화 동전 프로젝트를 이어서 할지 말지 물었을 때 아이들은 입을 모아 계속하잖다. 나는 여기서 그만해도 좋겠다며 토론을 제안했다. 내 주장을 말하고 근거를 말하는 것을 알려 주었다. "저는 이제 평화 동전 프로젝트는 필요 없다고 생각해요. 그걸 하지 않아도 우리는 스스로 평화로운 수업 분위기를 잘 만들어갈 힘이 생겼기 때문이에요." 내가 다 말하기도 전에 파랑이가 "아니요!"하고 끼어든다. 토론에서 지켜야 할 태도를 말해주고 그것은 예의이기도 하지만 자신의 주장을 잘 받아들이게 하기 위해서도 필요하다고 알려 주었다. 파랑이가 "안 됩니다! 초콜릿을 못 먹기 때문입니다!" 한다. "아하, 초콜릿을 계속 먹고 싶어서 이 프로젝트를 이어서 하고 싶은 거군요?" 이어서 빨강이가 자기주장을 펼친다. "계속해요! 제 마음이에요!" 외친다. "아, 빨강이도 파랑이처럼 계속하고 싶구나. 그런데 '내 마음이다'란 근거는 제가 설득이 안 되는데요." 보라가 "저도 멈추는 건 반대예요. 초콜릿이 계속 먹고 싶기 때문에요."란다. 솔직하고 강력한 근거다. 초콜릿 먹는 것 말고 이 프로젝트의 좋은 점은 없냐 물으니 보라가 수업 분위기를 계속 좋게 만들고 싶으니까 하잖다. 처음부터 아이들 의견을 따를 생각이었지만 이렇게 자기주장을 설득력 있게 말해보는 연습을 했다.

마무리로 첫 시간부터 지금까지 쌀 수업에서 읽었던 이야기와 활동들을 쭉 훑어보고 새로 알게 되었거나 흥미로웠던 것을 말해보았다. 파랑이는 오늘 시에 그림 그린 거라 하고, 민트는 떡 타령 가사 바꾼 것, 빨강이랑 보라는 속담 배운 것이 좋았다 한다. 그리고 다음 주제 탐구 주제를 말해주었다. 작게 말할 거니까 잘 들으라 하니 아이들이 다 화면 앞에 귀를 갖다 댄다. 다급한 목소리로 외쳤다.

"불이야!"

잠시 멈춤.

"아하, 불!"

키득키득 웃으며 자기 머리에 손을 얹고 수고했다 격려한다. 서로 감사 인사를 하고 다음 주를 기약하며 퇴장한다. 곧장 H가 아이들이 그린 시화를 보내주었다. 그림이 모두 주인을 닮아있다.

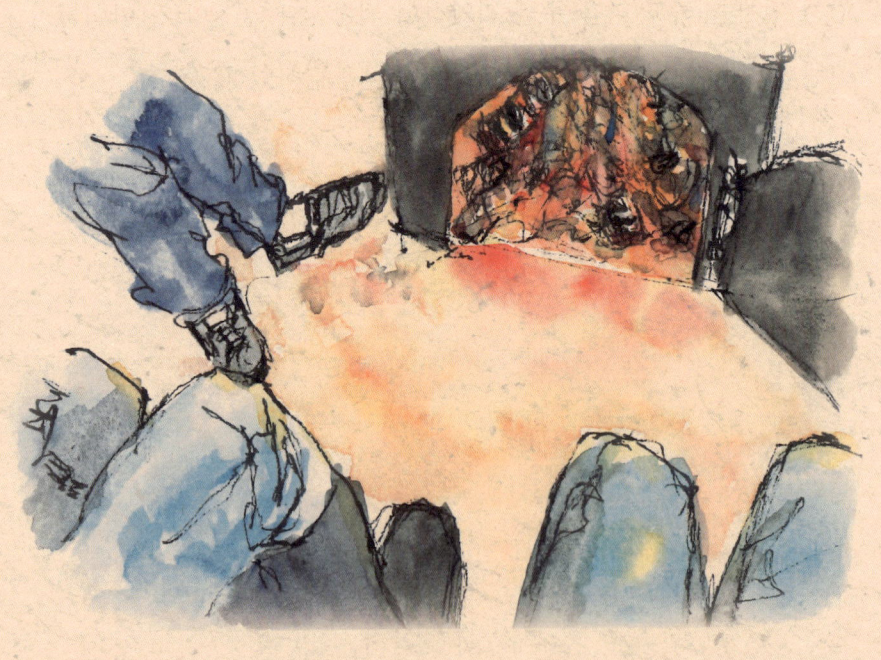

4. 불

01
화면 너머의 아이들

오늘은 아이들이 처져 있다. 겨울비도 부슬부슬 내린다. 한 주 지낸 이야기를 나눌 때 보라는 손가락으로 10글자를 꼽으며 이야기를 하려다가 패스를 하고 만다. 민트도 덩달아 패스다. 오늘은 쉽지 않겠는데. 어제 동전 초콜릿을 들고 보육원에 갔을 때도 아이들 얼굴은 볼 수가 없었다. 보육원에는 아기들도 같이 있기 때문에 확진자가 없더라도 거의 코호트격리에 가까운 방역을 하고 있다. 이 시간이 길어지니 아이들이 힘이 나지 않는 것도 어쩌면 당연하다.

안 그래도 화상회의 앱으로 하는 수업은 만족스럽지가 않다.

비대면으로 소통하는 것이 익숙하지 않은 이유도 있지만 비언어적 소통이 어렵기 때문인 듯하다. 눈을 맞추고 정한 신호를 보내고 하는 것을 화면 너머로 하기가 쉽지 않으니 수업을 거의 시각적 자료와 말에 의존한다. 그러면서 아이들 이름을 많이 부르게 된다. "보라, 내 말 듣고 있어요?", "파랑이, 어디 갔나요?", "빨강이! 말하지 않고 들을 시간이에요." 좋은 피드백을 줄 때나 격려할 때 부르는 이름은 괜찮지만 주의를 요하거나 지시할 때 부르는 이름은 가능하면 줄이고 싶다. 방법을 찾아야 한다.

불 첫 시간. 모든 일이 첫 단추 꿰는 게 중요하듯 주제 탐구도 첫 시간이 중요하다. 주제에 흥미를 불러일으키고 스스로 탐구해보고 싶은 욕구를 느끼게 할 수도, 시큰둥하게 만들 수도 있다.

준비한 사진 네 장을 먼저 보여주었다. 네 개의 불 사진마다 '불'이라고 글자를 써 뒀다. 모닥불에는 중간 크기로, 촛불 위에는 작은 글씨로, 가스레인지 불 위에는 파란 글씨, 산불은 큰 글씨체로 불이라고 썼다. 여러 가지 불을 보며 이야기를 나눈 뒤 자신이 생각하는 불의 이미지를 그림으로 그렸다. 아이들이 책 뒤의 공책에 그림을 그릴 때 나는 화상회의 앱 화이트보드에 불을 그리며 불이 붙으려면 무엇이 필요한지 물었다. 나무 같은 땔감, 산소, 햇빛(민트가 말했는데 일정한 온도로 바꾸어 생각하게 해주었다). 아이들이 대답을 하며 그림을 그린다.

민트는 갈색 나무 위에서 타오르는 노란 불을 그리고 주변에 나무를, 보라는 양초 불, 향초 불, 케이크 촛불, 아궁이에서 타는 군불 등 여러 가지 불을 아기자기하게 그렸다. 빨강이와 파랑이 두 남자아이들은 나무가 활활 타는 그림을 그렸다. 산불이다. 빨강이 그림에는 사람도 있는데 말풍선에 '사람 살어(사람 살려)'라고 적었다. 물어보니 빨강이에게 불은 무서운 것이라고 했다. 위험할 수도 있지만 살아가는 데 꼭 필요한 불, 앞으로 한 달 동안 이 불을 이리저리 탐구해 보자고 했다.

교재 불호의 첫 번째 글 <불에서 시작한 말>을 돌아가며 읽었다. 불에서 시작한 말 '불티나게, 불현듯이, 부리나케'를 알아보는 글이다. 세 낱말 모두 아이들이 잘 쓰는 말은 아니라 낯설었는데 읽어보며 그 뜻을 알게 되었다. '불을 켠 듯이'가 '불현듯이'가 되는 과정을 발음해 보기도 하면서 뜻을 파악하고 나서 짧은 문장 만들기를 해 보았다. 민트와 빨강이가 해모둠, 보라와 파랑이가 달모둠. 모둠끼리 상의를 해서 이 세 낱말이 들어가는 문장을 정하고 발표했다. '새 학용품이 불티나게 팔렸다, 불현듯이 생각이 났다, 나무를 부리나케 비빈다.' 같은 문장을 곧잘 만든다. 달모둠에서 발표한 '불현듯이 도망갔다'는 '부리나케 도망갔다'로 바꾸어 보기도 했다.

그리고 '불'이 들어간 말을 함께 적어보았다. 활활 타는 불 말고 '불' 글자가 들어가는 거면 아무거나 좋다고 했다. 모닥불, 촛불, 불꽃놀이, 불꽃, 횃불, 빨간불, 파란불, 노란불, 불놀이, 불장난... 불과 연관된 말이 우수수 쏟아졌다. 잠깐 아무 말도 없는 틈에 혹시 불란서라는 말을 들어봤냐 물으니 들어봤단다. 그러더니 빨강이가 내뱉은 말은 "이스탄불!" 오오, 아이들이 다른 불의 세계로 들어간다. 불쌍하다, 불상, 불행하다, 불만, 이불까지 불이 들어간 말을 찾아보고 쉬는 시간을 가졌다.

쉬는 시간에 H가 어제 가져다준 동전 초콜릿을 나누어 주셨다. 10개씩 받으니 입꼬리가 올라간다. 잠시 마스크를 벗고 까 먹는다. 나도 먹고 싶다고 하니 파랑이가 화면에 초콜릿을 들이민다. 오늘따라 조용하던 보라도 초콜릿을 맛나게 먹는다. 그래, 기분이 가라앉을 때는 달달한 게 도움이 되지.

<인간이 무서운 짐승을 이긴 방법>을 읽기 전에 제목만 보고 이야기를 나눴다. 빨강이는 한 치의 망설임도 없이 외친다. "죽이면 돼요!" 어떻게 죽일까 다시 물으니 칼로 죽인다고 한다. 칼은 어떻게 만드는데? 하니까 "아, 짐승을 이기려고 불을 쓴 거 같아요. 이 책이 불이니까." 이런다. 눈치 빠른 건 알아줘야 한다. 이 콘텐츠는 그림이 중요하다. 돌아가며 그림을 설명하도록 했다. 100만 년 전 사람들이 왜 동굴에 있었는지, 나무에 불은 어떻게 붙었을지, 사람들이 이 불을 어떻게 보관했을지 이야기도 나누며 글을 읽었다. 다 읽고 나서 번개 때문에 우연히 발견하게 된 불이 어떻게 인간의 삶에 영향을 미쳤는지 다시 정리해보고, 최근 이 글을 읽고 만든 '불을 얻었다' 영상을 함께 보았다. 나는 재미있었는데 아이들 반응은 그냥 그렇다.

인간의 역사에서 손에 꼽히게 중요한 발견인 불. 지금 우리가 먹는 음식 중에 불 없이 먹을 수 있는 것이 무엇이 있을까? 물으니 아이들은 샌드위치, 빵, 젤리 몇 가지 답을 내놓고 스스로들 아니라고 한다. 보라가 입을 연다.

"우유!"

"그래, 우유는 소젖을 짜기만 하면 되니까. 그런데 사실 우리가 먹는 우유는 열을 가해서 살균을 해요."

"우유도 불이 필요하다고? 그럼 불 없이는 아무것도 못 먹겠네."

"빨강아, 화가 난 건 아니지? 하하!"

저희끼리 수군대더니 한목소리로 말한다.

"물!" 대단한 것을 발견한 것처럼 좋아한다. 보라도 웃는다. 정수는 꼭 에너지가 필요한 것은 아니니까 물은 정말 불이 필요 없는 음식이다. 빨강이가 라면을 주장했지만 생라면도 불 없이 못 만든다고 아이들이 정리한다.

"회! 생선회요!" 파랑이가 회를 생각해냈다. 하지만 칼로 썰어야 하고 그 칼은 또 용광로 불에 넣었다가 두드려야 한다. 아이들이 불 없이도 먹는 음식을 기필코 더 찾아내리라 맘먹은 듯 눈을 굴린다.

"귤이요, 귤! 아, 과일 다요!"

"당근도요."

"상추쌈이요."

봇물 터지듯 답이 쏟아지는데 빨강이가 말한다.

"뼈다귀요!" 모두 의아해하자 먹을 수 있는 뼈다귀도 있다고 한다. 그렇다 해도 날것으로 먹을 수가 있다고? 있다고 한다. 나중에 그런 뼈다귀가 있으면 우리에게도 보여주기로 했다. 음식 얘기를 해서인지 목소리가 좀 커졌다.

불이 없었다면 지금 우리 삶이 어떻게 달라질까도 아이들과 생각하고 있을 때 H가 전깃불을 껐다. 아이들이 탄성을 지르며 "깜깜해요!" 한다. 맛있는 음식도 별로 못 먹고 치킨 배달도 못 시키고 보일러도 못 틀고... 직접 불을 때는 것은 아니지만 불이 내는 빛과 열로 삶이 많이 달라졌다는 것을 어렴풋이 알게 됐다. 불처럼 세상에 없어서는 안 되는, 꼭 필요한 것을 물어보니 물, 집(흙), 산소, 햇빛이라고 답했다. 불 주제 탐구에서 이런 물질에 대해서도 함께 알아보자 했다.

수업 후반부로 갈수록 활기가 돈다. 아이들이 에너지가 넘칠 때는 좀 차분해졌으면 했는데 분위기가 가라앉으니 그게 또 마음 쓰인다. 방방 뛸 때는 그런대로, 또 조용하면 조용한 대로 그러려니 하면 되는데 내가 원하는 반응을 요구하는 건 아닌가 싶기도 하다. 이런 날도 있고 저런 날도 있다. 오늘은 저런 날.

전우치전 읽고 헤어지는데 오늘은 '셀프 쓰담'을 하고 나서 화면 쪽으로 손을 뻗어 아이들 머리를 쓰다듬는 시늉을 했다. 아이들도 화면에 손을 가져온다. 내 머리를 화면에 가까이 가져간다. 그래, 이렇게 서로 응원하면서 이 터널을 잘 지나가 보자.

02
집이랑 집이랑 합하면 마을이 된다

오늘은 지낸 이야기 하는 시간에 '요즘 말이 통하는 사람'을 꼽아 보았다. 민트는 H 삼촌이라 했고, 빨강이는 같은 집 사는 친한 동생들 셋을 꼽았다. 파랑이랑 보라는 연두라 했다. 말이 통하는 사람은 내 이야기를 잘 들어준다는 공통점이 있다는 것도 알게 됐다.

불 두 번째 시간. 지난 시간 소주제는 '발견'이었다면 오늘은 '발명'이다. 이 두 가지는 인간의 역사에서 중요한 개념이다. 발견과 발명의 차이를 아느냐고 묻자마자 빨강이가 말한다.

"발명은 자기가 만드는 거고요, 발견은 자기 눈으로 똑똑히 보는 거예요."

 내 눈이 커지고 얼굴이 활짝 펴진다. 때로는 사전의 정의보다 아이들이 하는 말이 더 생생하다. 불은 발견을 한 걸까, 발명을 한 걸까 물어보니 모두들 발견이라 말한다. 그렇지! 있는 자연현상을 찾아낸 것이니까. 그러자 파랑이가 "발명은 없었던 걸 만드는 거요!" 한다. 있는 것을 찾아내는 것은 발견이고 없던 것을 새로 생각해 만드는 거란 걸 아이들이 자기 입으로 말한다. 출발이 아주 좋다.

 주변에서 발명품을 찾아보았다. 옷부터 컴퓨터, 책장, 핸드폰… 발명품 아닌 것이 없다. 나뭇잎이나 가죽을 몸에 걸치다 직조로 옷을 만들어 입게 된 과정을 살펴보며 인간이 자연 속에 있는 물질을 발견하고 이용하면서 새로운 것을 만들어냈고 그것이 쌓여 오늘날 우리가 이런 삶을 사는 것이라고 설명했다.

 이어서 발명의 원리 여섯 가지를 하나하나 알아보았다. 첫 화면을 띄우자 아이들이 "아하!" 한다. 첫 번째 슬라이드는 더하기라는 발명 기법으로 만들어진 발명품들 사진이다. 지우개 달린 연필, 여러 색이 한꺼번에 들어있는 볼펜, 그리고 바퀴 달린 신발. 무엇과 무엇이 합해졌는지, 이런 원리로 만들어진 물건은 또 무엇이 있는지 알아보았다. 민트가 큰 목소리로 대답을 한다. "저 알아요, 알아요.", "저거 본 적 있어요!" 파랑이도 신이 났다. 두 번째는 빼기 기법. 무선마우스, 씨 없는 수박, 날개 없는 선풍기. 필요 없거나 걸리적거리는 것을 뺀 발명품을 보더니 보라와 빨강이가 거의 화면 안으로 들어온다. 빼버리면 좋은 것은 또 뭐가 있을까 물으니 아이들이 짠 듯이 "빨강이요!" 외친다. 빨강이는 웃으며 농담으로 받아준다. 빨강이가 그냥 넘어가니 망정이지 싸움 날 뻔했다.

이번엔 모양 바꾸기 기법. 끝이 꼬부라진 물파스, 끝이 넓적한 슬러시 빨대, 접히는 폴더폰을 하나하나 보며 이야기 나누는데 파랑이가 "밴드!"라고 외친다. 그래, 일회용 밴드도 모양을 바꾸어 동그란 모양, 정사각형 모양 다양해졌지. 용도 바꾸기 기법으로 발명한 물건들은 컵→연필꽂이, 온도계→체온계, 테이프→테이프 클리너(돌돌이). 물건을 붙이는 테이프에서 용도를 바꾼 테이프 클리너는 바닥 청소할 때도 쓰고 옷에 묻은 먼지를 떼내기도 한다. 다음은 재료 바꾸기 기법을 스테인리스 컵, 우유 팩, 녹말 이쑤시개 사진을 보며 알아봤고 마지막으로 뒤집어 놓는 화장품 용기, 음식이 돌아다니는 회전초밥 테이블을 보며 반대로 하기 기법을 알아봤다. 아이들이 신기해하며 회전 테이블을 텔레비전에서는 봤어도 직접 못 봤다고 한다. 내가 코로나 다 지나가면 다 같이 이런 데 가봤으면 좋겠다고 하니 H가 나중에 가보자 하신다. 오늘 수업은 영상 기록을 하고 있으니 약속을 꼭 지키시라 하니까 아이들이 좋아하며 웃는다.

할머니네 시골집에서 하룻밤 자고 오는 이야기 <세상에서 제일 따듯한 방>을 함께 읽었다. 이제는 보기가 어려워진 온돌, 구들, 아궁이, 부뚜막, 가마솥, 굴뚝 이런 말을 배워보았다. 책을 읽고 나서 내가 질문을 하고 아이들이 대답을 해가며 불, 공기, 돌이 어떤 원리로 온돌이라는 훌륭한 난방 기술이 되었는지 알아보았다.

쉬는 시간에 우리 집 고양이 라떼가 내가 수업을 하는 방으로 들어왔다. 보여달라고 아우성이어서 노트북 화면에 잠깐 비춰줬다. "라떼야, 언니 오빠들한테 인사해."하는데 쏙 나가 버린다. 아쉬워하던 아이들은 쉬는 시간이 끝나고 다시 만났을 때 라떼를 어떻게 만났는지 얘기해 달라고 한다.

말할 기회가 있을 때 나는 내 인생은 라떼 이전과 이후로 나뉜다고 말한다. 7년 전 거의 죽어가던 아기고양이 라떼 만난 이야기를 아이들이 숨을 죽이고 듣는다. 그때 사진도 몇 장 보여주었더니 다들 귀엽다고 한마디씩 한다. 너희들도 귀여워. H도 질세라 집에 같이 사는 개 세 마리를 보여주신다. 오호, 이름이 바닐라, 모카, 라떼란다. 요새 동물계에서 라떼가 사람 세계에서 서연이나 민준이 같은 이름인가 보다.

지난 시간에 세상에 없어서는 안 될 물질을 공기, 물, 불, 흙(땅)이라고 했던 것을 기억해보며 물질 섞기 게임을 해보겠다 했더니 아이들이 환호한다. 게임은 언제나 재미있다. 그것도 온라인게임을 수업 시간에 한다니 아이들이 들떴다. littlealchemy.com 사이트로 들어가 하는 방법을 알려 주었다. 보라와 빨강이가 해모둠, 민트와 파랑이는 달모둠. 둘씩 한 노트북으로 물질을 이것저것 섞어보는 시간을 가졌다. 5분쯤 마음껏 해보자고 시간을 주었는데 이럴 줄 알았다. 조금만 더 해보고 싶어 한다. 물과 물을 합하면 바다가 되고, 공기와 물을 합하면 비가 된다. 땅과 불을 합했더니 용암이 되고 용암에 물을 합쳤더니 까만 돌이 된다. 이러니 아이들이 눈을 뗄 수가 있나. "대박!" "연두 샘, 불하고 물하고 섞으면 뭐가 되게요?", "우리 바다 만들었어요!" 두 모둠 다 연신 탄성을 질러대며 뭘 만들었는지 자랑한다. 영어로만 되어 있지만 그건 아이들에게 아무 문제가 되지 않는다. 역시 어린이는 그냥 해본다. 알아야 하는 사람이 아니라 하면서 아는 사람이다.

이제 연습을 끝내고 도시를 만들라는 미션을 내주었다. 도시를 만들기 위해 필요한 게 뭐가 있을지 생각한다. 집이 있어야지. 근데 집은 어떻게 만들지? 벽돌을 만들려면 뭘 섞어야 해? 서로 이야기를 나누게 한 다음, 아이들이 시키면 내가 공유한 화면으로 물질을 섞었다. 파랑이가 흙에 물을 합하라고 한다. 진흙이 됐다. "거기에 불을 합쳐봐요." 벽돌이 만들어졌다. 벽돌과 벽돌을 합치니 벽이 된다. "대박!" 그렇게 집을 만들었다. "집이랑 집을 합쳐봐요!"

빨강이가 소리쳤다. 그렇게 마을도 만들고, 도시도 만들었다. 미션 클리어!

그다음 '내가 만들고 싶은 발명품'에 대해 상상해 보자 했는데 아이들이 그 게임 사이트를 가르쳐 달라고 한다. PPT 화면을 앞으로 돌려주었더니 공책에 사이트 주소를 적는다. 파랑이는 쓰지 않고 그리고 있다. 아직 알파벳을 모르니까. 하하! 발명품 이야기로 돌아갔더니 빨강이는 '어디로든 문'을 만들고 싶다 했고 보라는 선풍기 달린 필통(여름용이겠다!), 파랑이는 뭐든 다 들어주는 로봇, 민트는 아무 음식이든 다 만드는 기계를 발명하고 싶다 한다. 얘들아, 다 내게 필요한 것이구나. 만들면 나도 하나 꼭 주렴.

물질 섞기 게임이 전우치를 이겼다. 전우치를 건너뛰고 게임에 시간을 좀 더 썼다. 수업 마무리는 '오늘 내가 배운 것'으로 삼았다. 먼저 보라가 물질 섞기 게임을 새로 알게 됐다고 말했는데 나머지 세 명이 내가 그거 말하려고 했다고 책상을 치며 재빠른 보라를 부러워한다. 민트는 발명 기법을 배웠다고 했고, 파랑이는 라떼 발견한 이야기를 알게 됐다고 발표한다. 빨강이는 집이랑 집이랑 합치니 마을이 된다는 걸 배웠다고 했다. 왠지 그 말이 따뜻하다. 이 아이들이 사는 집도 그 집 중의 하나고, 우린 마을을 이루고 산다. 수업이 끝나고서도 내내 그 말이 떠오른다.

03
이게 뭐 이렇게 신날 일인가

아이들과 열다섯 번째 만난다. 가을 겨울 두 계절을 한 주에 한 번씩, 서른 시간을 함께 읽고 얘기하고 웃었다. 8년, 10년의 세월을 산 아이들에게 30시간은 아주 짧은 시간일 테지만 나눈 이야기는 제법 많다. 더 알고 싶은 마음에 수업을 열 때 10글자 지낸 이야기 대신 이것저것 궁금한 것을 물어보고 있다. 오늘은 '요즘 게임 말고 재미난 것'을 알려 달라고 했다. '게임 말고'란 조건을 달지 않았으면 대답은 한 가지였을 것이다. 흐흐. 빨강이는 같이 사는 동생의 장난감을 고쳐주는 게 재미나다고 했고 파랑이는 H 삼촌이랑 레슬링하기를 말했다. 파랑이가 늘 당하는 거 아니냐니까 정색을 하고 자기가 이길 때도 있다고 한다. 만나면 연두에게 한 수 가르쳐 주기로 했다. 보라는 아쿠아비즈 가지고 노는 게 재미있단다. 지난 수업 시간 전에 보여준 아이스크림이 아쿠아비즈로 만든 거였구나. 파랑이가 연두는 뭐가 재미나냐고 묻는다. 그러면서 "보나 마나 고양이랑 노는 거죠?" 자신 있게 말한다. 라떼랑 노는 거, 그리고 뜨개질에 폭 빠져있다고 했더니 뜨고 있는 걸 보여 달란다. 이러다 날 샐라. 쉬는 시간에!

　돌아가며 말할 때 늘 맨 나중에 말하는 민트. 민트는 딱 떠오르는 게 없는지 말이 없다. 도서관에서 얼굴 보며 만날 때 차츰 활발해졌던 민트는 온라인으로 수업을 하게 되면서 도로 조용해졌다. 부담을 주지 않는 선에서 따로 말을 시켜보는데 생각이나 의견을 묻기보다 짧고 확실한 대답을 할 수 있는 질문을 하고 있다. 딴 아이들이 전에는 아무거나 말하라며 보채더니 요새는 제법 오래 민트를 기다려준다. 대신 아이들이 도와주려고 이런저런 것을 말해보지만 고개만 젓는다. "TV 프로그램 중에 재미있는 것 있어? 연두한테 소개시켜 주고 싶은 걸 얘기해도 좋겠어." 하자, 한참 만에 씩 웃으며 "밍꼬발랄이요." 한다. 똥꼬발랄? 되물으니 아이들이 웃겨 죽는시늉을 한다. 만화책으로도 있는 애니메이션인데 꼭 보라고, 엄청 재미있다고 일러준다. 밍꼬발랄, 나중에 꼭 찾아서 보겠다고 하고 수업 끝나자마자 찾아보니 동영상은 올라온 것이 없다. 방영 중이라 그런가 보다.

 불 세 번째 날인 오늘은 세상에 없어서는 안 될 물질 중 불과 돌을 중심으로 탐구를 해보는 날. 먼저 연두 어린 시절에 많이 불렀던 <돌과 물> (윤석중 작사, 전석환 작곡)이란 노래를 배웠다. 동영상으로 몇 번 보며 따라 불렀다. 반주 없이 부를 때 1절 바윗돌 깨뜨려 돌멩이, 돌멩이 깨뜨려... 모래알까지는 점점 작게 부르고, 2절 도랑물 모여서 시냇물, 시냇물 모여서... 바닷물에 이를 때는 점점 크게 불러 보니 더 재미있다.

 제주도 여행을 가려다 못 갔던 아이들이 교재의 <제주도에는 특별한 돌이 있다?>를 읽었다. 갔으면 눈으로 직접 보았을 현무암과 오름, 주상절리와 용암 동굴을 아쉬운 대로 책이랑 내가 준비해 간 사진으로 알아보았다. 만장굴 사진을 보며 사람이 깎은 것 같이 뻥 뚫린 이 공간은 용암이 지나간 자리라 설명해 주니 파랑이가 "대박 사건!"이라며 놀란다. 어서 맘 놓고 여기저기 다닐 수 있는 때가 되어 아이들이 오늘 사진으로 본 것들을 두 발로 걸어 두 눈으로 보았으면 좋겠다.

 책 읽고 나서 지난 시간에 했던 물질 섞기 게임으로 돌, 화산, 산을 만들어 보았다. 아이들이 주문을 하면 내가 섞어 주었다. 첫 번째 돌 만들기 미션.

"공기랑 물을 합쳐봐요!"

"음... 그럼 뭐가 만들어질까요? 정말 돌이 나올 것 같나요?"

"그건 비였잖아." 보라가 지난 시간에 해본 걸 기억하고 있다.

"흙하고 불이요!" 용암을 만드는 것까지 성공.

"용암하고 뭐랑 섞으면 돌이 될까요? 우리가 읽은 책에 힌트가 있어요."

아이들이 책을 뒤진다.

'마그마가 땅 밖으로 나오면 차갑게 식어. 굳으면서 단단한 돌이 되지. 그게 바로 현무암이야.'를 읽으면서 "왜 차갑게 식지?" 서로 묻는다.

"아! 용암이랑 공기를 섞어 봐요!!!" 빨강이가 찾아냈다.

그렇게 돌, 화산, 산까지 미션 클리어!

쉬는 시간이 되었다. 10분 뒤에 만나자고 말하는데 민트가 다급하게 뜨개질한 거 보여 달라고 크게 소리친다. 아이고, 난 까맣게 잊고 있었는데. 노란 조끼 앞판을 보여줬다. 이번엔 파랑이가 라떼를 보여 달라고 한다. 이러다 쉬는 시간 다 가겠구나. 그래도 라떼랑 잠깐 상봉을 시켜 줬다.

"돌 모아본 적 있는 사람! 아니면 돌을 자세히 관찰한 적 있는 사람!"

아무도 없다. 나는 어딜 가면 돌을 유심히 보는데 가끔 몇 개를 주워 오기도 한다고 말했더니 "말할 게 있어요. 돌을 왜 주워와요?" 빨강이가 묻는다.

돌이나 자연물은 제자리에 있는 게 가장 좋은데 가끔 수업에 필요한 거 있으면 살짝 가져오기도 한다고 고백하며 그런 돌로 만든 작품을 보여줬다. 돌로 꽃이랑 애벌레도 만들고 발자국이랑 연못도 만들 수 있다는 것에 감탄하는 눈치다. 흠, 어깨가 으쓱한다.

사람들이 다양한 돌을 이용해 맷돌, 식탁, 담, 계단 같은 것도 만들고 공예품도, 심지어 보석을 만들었다는 것에 아이들이 새삼스레 놀란다. 주제 탐구 수업의 매력이다. 이렇게 무심코 지나쳤던 것들이 새롭게 다가오는 경험을 하곤 한다. 알파벳이 박혀 있는 신기한 돌, 반을 잘랐더니 쿠키 몬스터 캐릭터가 들어있는 재미난 돌을 보여주었으니 이제 이 아이들은 살다가 한 번쯤은 돌을 유심히 관찰하게 되겠지. 내친김에 돌로 하는 놀이도 물어보았는데 공기와 비석치기가 나왔다. '옛날에 비석치기를 해본 적이 있다'는 것이 큰 자랑인 파랑이는 자리에서 일어나 '발등에도 올리고 머리에도 올려서 이렇게 딱 치면 된다'며 생생한 시범을 보여준다.

그리고는 물질에서 시작한 세상의 모든 것들을 분류해 보았다. 아이들에게 물어보며 크게 생물과 무생물로 나누고 다시 생물은 식물과 동물, 무생물은 상태에 따라 기체, 액체, 고체로 나누었다. H가 복사해 둔 분류표 프린트를 받아 화면에 보이는 낱말을 어디에 넣을지 생각하며 표를 완성했다.

"방귀는 진짜 어렵다. 액체인가?"

"야, 액체는 오줌이지."

"사과주스는 식물에 넣어야 해요, 액체에 넣어야 해요?"

"너 비눗방울 어디에 넣었어?"

"아이고, 은행나무는 식물이지."

상의해 가며 고쳐가며 사뭇 진지하게 열중한다. 키득거리며 시간을 조금 더 달라고 하는 걸 보면 재미를 느끼고 있는 것이 분명하다. 이게 뭐 이렇게 신날 일인가. 이것을 해야 할 공부라고 생각하면 저리 심혈을 기울여 했을까? 뜬금없이 물질을 공부하자고 했으면 저런 풍경은 보기 힘들 것이다. 그동안의 흐름이 있었으므로 가능한 장면이리라. 아이들이 공부를 안 하거나 못하는 것은, 왜 하는지도 모른 채 열심히 해야 하는 것으로 공부를 만났기 때문일 수도 있겠다.

수업에서 기억 남는 것을 돌아보는 시간에 보라가 먼저 고체, 액체,

기체 분류한 것을 얘기했다. 이어서 민트가 전우치 역할을 할 때처럼 또랑또랑한 목소리로 두 번째로 발표한다. "새로운 노래 배운 거요!" 파랑이는 화산 폭발이랑 물질 섞기 게임, 빨강이는 여러 가지 돌을 새로 알게 되었다고 말했다. 자기들도 모르는 사이에 엄청 많은 공부를 했다는 것을 아마 이 어여쁜 아이들은 모를 것이다.

04
불은 잘못이 없습니다

주제 탐구 수업은 교사가 아이들을 가르치는 수업이 되어서는 안 된다. 말 그대로 함께 탐구해 나가며 스스로 배우도록 하는 게 핵심이니만큼 교사가 지나치게 주도하는 것을 경계해야 한다. 그렇다고 모든 것을 아이들에게 맡겨둘 수는 없다. 교사가 큰 그림은 가지고 방향은 잡아주어야 하며 생각의 물꼬를 틀어줄 적절한 방식도 준비해야 한다. 화상으로 수업을 하면서 늘 고민이 되는 것은 시각 자료를 얼마만큼 준비할까 하는 점이다. 얼굴을 맞대고 수업을 하면 교재 외의 자료가 특별히 필요 없는데 온라인수업은 다르다. 특히나 청각 정보만으로 학습하기 어렵거나 집중이 어려운 학생들에게 시각

자료는 매우 중요하다. 그러다 보니 이것저것 보여주고 싶은 마음에 많은 자료를 피피티에 넣고 마는 우를 범하기도 한다. 이번 수업에도 방대한 자료를 넣었다가 뺐다. 더 궁금해할 때 함께 찾아보면 되겠지. 알려주기보다 묻고 듣기를 하겠다고 다시금 마음을 다잡는다.

"꽃은 참 예쁘다. 풀꽃도 예쁘다. 보라, 민트, 파랑, 연두 예쁘지 않은 꽃은 없다." 아직 빨강이는 이 노래에 들어올 생각이 없는 듯하다. 빨강이가 예쁘다는 말을 자신에게도 쓸 수 있는 날이 오길 고대하고는 있지만 더는 물어보지 않는다. 때가 되면 이 노랫말에 쑥 들어오겠지. 노래를 부른 김에 지난 시간에 배운 '돌과 물' 노래도 다시 불러 봤다. 까먹었다더니 그래도 잘 따라 한다.

오늘은 '내가 어른이 되면' 무엇을 하고 싶은지 이야기를 나누며 수업을 시작한다. 빨강이가 게임플레이어가 되고 싶다고 하자 민트도 네일아트 하는 사람이 되겠다고 한다. 네일아트 잘하게 되면 연두도 해달라고 했더니 지금도 잘한단다. 이런! 몰라봤네. 다음에 만나면 나도 해주기로 했다. 한 번도 해본 적 없는 네일아트를 민트에게 받게 되다니 기대된다. 파랑이는 어벤져스 캡틴이 되고 싶다고 한다. 파랑이가 어른이 되면 지구는 걱정 없겠군. 수업에 좀 늦게 합류한 보라는 기분이 별로다. 물어도 답이 없다. 네 자릿수 곱하기 두 자릿수 학습지를 하고 왔으니 지칠 만도 하지. 그럴 땐 패스!

<2020년 날씨가 이상하다>를 돌아가며 읽었다. 유난히 비가 많이 와서 피해가 컸고, 세계 곳곳에서 큰불이 많이도 났던 2020년의 날씨에 대한 내용이다. 본문을 읽고 나서 지구의 날씨가 이상해지는 것이 불 때문일까, 물 때문일까 토론을 했다. 실제로 토론을 하는 것이 아니라 토론 놀이나 토론 연습에 가깝다. 토론에서 상대방의 말을 듣기가 쉬운 일이 아니므로 '존중하며 듣기'와 '들은 내용을 요약해서 돌려주기'를 연습하는 것이라고 설명을 해 주었다. 토론 주제를 알려주고 모둠을 나누어 주장과 근거를 무엇으로 할지 모둠끼리 의논을 먼저 했다. 보라와 빨강이가 물모둠. 날씨가 이상해진 까닭이 불 때문이라고 주장할 거다. 민트와 파랑이가 불모둠. 물이 더 큰 문제라고 말할 거다. 둘씩 사뭇 진지하게 작전을 짠다.

먼저 빨강이가 말했다.

"불로 만든 가스가 있잖아요. 그것 때문에 산불이 나고 산불이 나니까 동물도 죽고 사람도 죽는 거야."

좀 어설프지만 그래도 시작을 잘 해줬다. 불모둠이 들은 내용을 요약해서 돌려줄 차례. 민트와 파랑이는 씩 웃을 뿐 선뜻 입을 안 뗀다. 파랑이에게 내가 말하는 대로 따라 말하게 했다.

"아, 형은"

"아, 형은"

"불로 만든 가스 때문에"

"불로 만든 가스 때문에"

"산불이 나고 동물이나 사람이 죽는다고 생각하는 거지?"

"산불이 나고 동물이나 사람이 죽는다고 생각하는 거지?"

"그런데 나는"

"그런데 나는"

"그다음은 파랑이 생각을 말하면 돼요."

"그다음은 크크크크"

아이고, 파랑아. 그것까지 따라 하면 어쩌냐. 파랑이가 불보다는 물이 더 문제라고 주장을 해야 하는데 실제로는 꼭 물 때문이라고 생각이 안 드니까 주장을 잘할 수가 없다. 연습이니까 아무 말이나 해보라고 하자 파랑이가 말했다.

"불은 잘못이 없습니다!"

그렇지! 억울한 마음에 한 이야기인데 아주 적절한 지적이다. 곧장 빨강이가 의기양양하게 말한다.

"너는 불은 잘못이 없다고 하는데 뉴스에 보니까 불 가지고 장난친 아이가 화상을 입었는데?"

빨강이는 상대방의 이야기를 돌려준다는 게 뭔지 정확히 알고 있다. 이번엔 민트가 나를 따라 말한다.

"불로 화상을 입을 수 있다는 거지?" 그런 다음에 민트도 뭐라고 반박을 해야 할지 모른다. 불모둠 대신에 내가 해도 되겠냐고 양해를 구한 다음 내가 말했다.

"불로 화상을 입을 수도 있다고 말한 거죠? 그 생각엔 동의해요. 그런데 그 이야기는 날씨와는 아무 상관이 없는, 주제에서 벗어난 얘기라고 생각해요. 저는 파랑이 말처럼 불과 물은 아무 잘못이 없고 지구의 날씨가 이상해진 것은 사람 때문이라고 생각해요."

근거를 말할 참인데 빨강이가 발끈한다.

"사람 때문이라고요? 저는 사람인데 불을 만진 적도 없다고요! 그럼 연두 샘 때문도 되겠네요. 책에서 불 때문이라고 했는데요."

하하하! 사람 때문이라고 하자 거기 자신도 포함되는 것이 몹시 못마땅했나 보다. 우리가 누리는 생활과 지구의 온실가스의 상관관계로 이야기가 이어졌다. 보라와 민트, 파랑이는 "맞아요, 보일러도 틀어야 하니까." 하며 동의하는데 빨강이는 불의 잘못을 더 말하고 싶어 한다. 물론 말끔하게 결론이 나지 않았다. 중요한 것은 우리가 서로 존중하며 토론을 해 보았고 토론을 할 때는 주장을 뒷받침할 근거를 내세워야 하며 다른 사람 말을 내가 잘 이해하고 있는지 점검해 봐야 한다는 것을 아는 것이다. 다른 주제 탐구에서 한 번 더 토론 놀이를 해보자 했다.

불 마지막 시간이니 불이 하고 싶은 말을 네컷만화로 그려보자 제안했다. 우선 불 캐릭터를 만들고 이름을 지었다. 빨강이와 보라는 물 캐릭터도 같이 만든다. 캐릭터 만드는 데 엄청 공을 들인다. 시간을 정해뒀으나 소용이 없다. '조금만 더'를 또 몇 번씩이나 외치며 공을 들인 만큼 멋지게 되었다. 네컷만화의 이야기 구성을 하고 각자 만화를 그리는데 어느새 H가 아이들 옆에 앉아 같이 그림을 그리신다. 5번째 학생처럼. 하하! 파랑이는 '불'이 자신이 좋아하는 것을 만화로 그렸고, 민트는 '불이'라는 캐릭터를 만들어 불이 하는 역할에 대해 그렸다. 빨강이는 '방울이'와 '화나'란 캐릭터 사이에서 일어나는

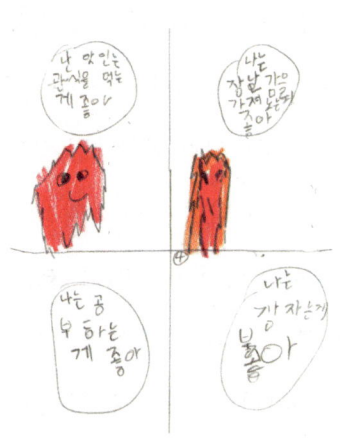

파랑이의 '불' 네컷만화

일을 그렸는데 화나가 방울이에게 '가 버려!'라고 하는 말로 끝이 난다. 보라는 "진짜 웃긴 만화예요."라며 자신이 그린 만화를 소개했는데

'모닥이'와 '물방울'이 만나 모닥이가 죽는 새드 엔딩이다. 파랑이와 민트가, 빨강이와 보라가 캐릭터랑 내용이 비슷한 게 옆에 앉은 아이들끼리 영향을 끼친 듯하다. 옆에 누가 있냐가 이렇게 중요하다. 모두들 자기가 그린 만화가 맘에 드는 눈치다.

보라의 '불' 네컷만화

　마무리로 네 번의 수업에서 우리가 읽은 글과 활동을 돌아보고 가장 마음에 남는 것을 돌아가며 이야기 나누었다. 여러 가지 돌이 마음에 남은 빨강이는 이제 어딜 가면 돌을 유심히 보겠지. 물질 섞기 게임이 최고로 재미있었다는 보라는 눈앞에 있는 것이 어떻게 만들어졌는지 문득 궁금해할 테고, 2020년 날씨에 대한 글에서 배운 게 있다는 민트는 뉴스에서 오늘의 날씨를 귀 기울여 들을지도 모른다. 아이고, 파랑아! 라떼를 만난 것이 가장 마음에 남았다고? 그랬구나. 불 주제 탐구에서는? 인간이 무서운 동물을 이기는 방법? 그 글로 호기심이 생겼구나. 이렇게 사람은 세상에 있는 것을 발견하고 새로운 것을 발명하고 누리며 살고 있지. 파랑이 말처럼 불은, 물은, 흙은, 공기는 아무 잘못이 없어. 감사하며 잘 쓰고 망치지 않는 게 중요하겠구나.

시간이 촉박해도 전우치는 읽어야지, 암만. 전우치에게 속은 임금님 이야기로 전우치 1권이 다 끝났다. 아이들이 2권을 보여 달라고 아우성이다. 표지와 차례를 보여주니 우르르 화면 앞에 다가와 유심히 보며 작은 제목을 읽기도 하고 "또 어떤 도술을 부려요?" 궁금해하기도 한다. 긴 호흡으로 책을 읽는 것은 이렇게 기다리고 상상하는 맛이 있다.

두 시간하고도 7분이 더 지나갔다. 수고했다, 고맙다 인사하고 나서려는 아이들. 아차! 다음 주제를 안 알려 줬네.
"아, 다음 주제는... 다 갔니?" 아이들이 다시 돌아온다.
"한 글자야."
"물! 물일 거야."
"땡! 점! 점이야."
"점?"
점으로 무슨 탐구를 한다는 건지 의아해하는 낯빛이다.
"한 주 잘 지내고 다음주에 만나요."

5. 점

01
다 숨었으면 신호를 보내자

　새로운 주제 '점' 첫 시간. 수업 열기로 '내가 내 마음에 들 때'가 언제인지 물었다. 빨강이가 조금의 망설임도 없이 없다고 말한다. 뜻밖이다. 연두는 빨강이가 마음에 들 때가 엄청 많은데 설마 진짜 없냐고 되물었다. 고개를 젓는다. 내일이 생일인 보라는 생일선물 받을 때 자신이 좋다고 한다. 세상에 태어난 것을 누군가 축복해 줄 때 그럼, 내가 썩 괜찮게 느껴지지. 보라가 오늘 생기가 도는 것이 그것 때문일까, 학습지를 안 해서일까? 파랑이는 빨강이가 잘해줄 때 자신이 마음에 든단다. 누군가에게 배려받고 관심받을 때 그렇지. 민트는 색종이 접을 때가 그런 때라고 한다. 맞아, 민트는 손재주가 있는 것 같다. 작은 것이라도 내가 무언가 만들어 낼 때 그런 느낌이 들지.

빨강이가 뒤늦게 게임 할 때 자기가 마음에 든단다. 그러더니 24시간 마음에 들고 싶다고 능청스레 말한다. 아이고야, 빨강아! 잠도 안 자고 게임만 하고 싶을 만큼 그게 그렇게 재미있구나. 나는 여러분이 책방 수업을 재미나게 할 때, 무언가 찡 통하는 느낌이 들 때 내가 마음에 든다고 말했다. 작은 일에라도, 짧은 순간이라도 내가 나를 잘 봐주는 시간을 가졌으면 좋겠다고 하며 본격적으로 수업을 시작한다.

'점'하면 생각나는 것을 말해 보았다. 파랑이의 '검은색 점이요!'를 시작으로 점으로 그린 그림, 치타의 점, 사람 몸에 있는 점, 빵점, 좋은 점, 나쁜 점, 마침표... 아, 고새 교재를 봤는지 빨강이가 점자를 이야기한다. 여러 가지 점 중에 우리는, 동물의 몸에 있는 점에서 시작해서 신호가 되고 말도 되는 점을 탐구할 것이라고 알려 주었다.

몸풀기로 숨은 동물 찾기부터 시작. 나무 색깔과 똑같아서 자세히 봐야 알 수 있는 부엉이, 눈 속에 앉아 있는 흰 새, 쭉쭉 뻗은 나무 사이의 기린, 수풀에 감쪽같이 숨어 있는 사슴까지 퀴즈처럼 맞혀 봤다. 기린이랑 사슴은 찾는 데 시간이 좀 걸렸는데도 빨강이는 너무 쉽다며 더 보여 달라고 한다. 책을 보면 더 나온다며 교재를 폈다.

교재의 <신기한 동물 사전: 무늬와 색깔 이야기> 첫 장에 나무 틈에 있는 표범이 나온다. 동물들이 왜 무늬와 색깔이 있을까 먼저 생각해 봤다. 안 보이려고요. 그냥. 예쁘려고. 다 알고 있구나. 책에서는 뭐라고 하는지 함께 알아보자 했다. "제가 먼저 읽을까요?" 보라가 오늘 적극적이다. 민트도 말하기보다는 읽기에 강하다. 민트는 자기 차례를 놓치는 적이 없고 내용을 파악하며 곧잘 읽는다. 읽는 데 점점 자신감이 붙는 것이 느껴진다. 반면 말하기의 귀재 빨강이가 글을, 유창하게는 아니더라도 써 있는 그대로 읽으면 좋겠는데 오늘따라 더 건너뛰고 바꾸어 읽는다. 가만 보니 읽는 곳보다 눈이 훨씬 앞에 나가 있고 숨을 언제 쉬어야 할지를 잘 모르는 듯하다. 읽기용 자를 대고 천천히 읽어 보자는 내 제안은 단칼에 거절당했다. 동생처럼 읽기용 자를 대고 읽고 싶지는 않은 거다. 이대로 3학년을 맞이하고 학교생활을 하면 배움에 흥미를 잃을 수도 있다. 숨을 쉬는 단위로 표시를 해 놓고 끊어 읽는 연습을 같이 해보면 좋겠는데 온라인으로 하기는 어렵다. H랑 상의를 해봐야겠다.

책을 다 읽고 나서 나온 동물들을 차례대로 떠올려 보며 무늬와 색깔의 기능이 무엇이었는지 기억해 보았다. 책에 나온 동물 말고도 그런 동물들이 있는지 더 살펴보기도 했다. 그리고 이 글을 요약해 주면 내가 타이핑을 하겠다고 했더니 아이들이 돌아가며 핵심을 잘 찾아낸다. 두 번 요약하니 이런 문장이 남았다. '동물들은 색깔과 무늬를 이용해서 잘 숨거나 조심하라고 경고하거나 다른 동물인 척한다.' 완벽하다!

"동물들이 말을 하지는 않지만 자신의 뜻을 신호로 보낸다고 할 수 있겠네요."

"연두 샘, 벌들은 8자 춤을 춰요!" 갑자기 생각났다는 듯 빨강이가 외친다. 그래, 벌들은 움직임으로 동료들에게 꽃가루 있는 곳을 알려준다지? 마침 동물의 언어로 넘어가려던 참이었다.

"책에서 살펴본 무늬와 색깔, 그리고 빨강이가 얘기한 몸짓 외에 동물들이 또 어떤 것으로 의사소통을 할까요?"

빨강이가 신이 났다. 개미 같은 애들은 냄새를 풍기는 것으로 먹이 있는 곳을 알려주고 반딧불이는 빛으로 표현한다고. 호기심 많고 책을 많이 읽는 빨강이가 아는 것을 술술 풀어놓는다.

"그래요, 냄새도 동물이 신호를 보내는 중요한 수단이지요. 개나 고양이 같은 동물이 영역표시를 하기 위해 자기 냄새를 뿌리기도 하고요. 반딧불이가 빛을 밝게 약하게 조절하면서 자기 생각을 표현한다고 하죠? 정말 대단한 능력이에요."

"물고기는 아가미로 숨을 쉬어요." 보라가 주제에서 벗어난 이야기를 한다. 내가 살짝 웃으며 눈을 동그랗게 뜨자 "아, 아니다."하고 스스로 알아챈다.

민트가 "돌고래"라고 작게 말하는 것을 용케 들었다. 그래, 소리로 자기 의사를 표현하는 동물들 많지. 민트의 돌고래를 시작으로 새들, 귀뚜라미, 침팬지, 사람... 아이들이 아주 신이 났다.

"초음파로 신호를 보내는 것도 있어요." 와우! 이번에도 빨강이다.

"맞아요. 박쥐는 초음파를 내보내서 되돌아오는 소리를 듣고 장애물을 피한다고 하죠? 다른 박쥐에게도 알려주는 방법도 되고요."

"복어요! 복어는 커져요." 파랑이 말을 붕어라고 잘못 알아들었더니 애들이 복어를 합창한다. 복어의 볼 부풀리기도 몸짓에 넣기로 한다.

동물들도 이렇게 다양한 방법으로 신호를 보내서 메시지를 전하는 거란 걸 정리한 다음 라떼 이야기로 넘어간다.

"라떼는 감정이나 뜻을 무엇으로 표현을 할까요?" 소리, 냄새, 몸짓 아이들이 상상한다. 맞아, 고양이에게는 꼬리 언어가 있다고 할 정도로 꼬리로 많은 표현을 한다. 고양이 그림을 보며 꼬리 모양에 따라 어떤 말을 하고 싶은지, 어떤 상태인지 상상해 보며 알아보았다. 그리고 아까 읽은 글에도 나왔던 흉내문어를 생생하게 영상으로 보았다. 나 아니라고 시치미를 떼고, 무섭지? 겁도 주고, 걸음아 나 살려라 내빼는 문어. 아이들은 숨을 죽이고 보다가 영상이 끝나자 모두 탄성을 지른다.
"오오, 대박이다!"
"아까 뱀으로 변신하는 거 봤어요?"

흉내문어가 변신하며 무슨 신호를 보낸 걸까 이야기 나누고 사람들도 말하지 않고 신호를 보내는 경우를 생각해 보자니까 파랑이가 화면을 보며 손을 흔든다.
"오, 맞네, 안녕! 손을 흔들면 인사하는 거라고 다들 알지요."
내가 손가락으로 엑스 표시를 하자 민트가 '틀렸다, 아니다' 신호라고 말한다. 수업할 때 내가 많이 쓰는 엄지와 검지를 동그랗게 마는 손동작은 '오케이! 잘했다! 알았다!'고. 그때 빨강이가 일어나더니 손은 책상을 짚고 폴짝폴짝 뛰면서 "이건 뭐게요?" 한다. 모두들 모르겠다고 하니까 "아이참, '개구리가 온다'고요!" 흐흐흐흐흐.

사람들이 함께 살면서 말하지 않아도 서로 알게 신호를 정하고 약속을 하는데 어떤 게 그런 걸까? 쉽게 도로에서 하는 약속을 떠올려 보자 했다. 어디서 길을 건너야 할까?

"횡단보도요!"

"언제 멈춰야 할지 언제 가야 할지는 무엇으로 아나요?"

빨강이가 일어나서 팔을 움직인다. 교통경찰이 수신호를 보내는 흉내를 내는 거다.

"빨간 불, 파란 불!" 보라가 신호등을 생각해 냈다. 속도나 진입 금지, 어린이보호구역 같은 표지판, 좌회전 깜빡이... 이어서 사람들이 사용하는 여러 가지 신호들을 떠올려 보았다.

약속하고 같이 지키는 것들 중에 또 뭐가 있을까 생각해 보자니까 빨강이가 재미난 발언을 한다.

"짱구에서 봤는데 두 사람은 영원하겠다고 약속하겠습니까 그랬어요."

아아, 결혼? 그것도 사회적인 약속이지. 결혼식 얘기는 장례식으로 이어졌다. 그래, 슬픈 마음을 표시할 때 검은색 옷을 입는 것도 약속이지. 우리가 놀이할 때 많이 하는 가위바위보도 그러네.

"저 또 알아요. 이름을 목에 매고 있는 거요." 빨강이가 말한 것은 이름표다. 아하, 긴말 안 하고 내 이름을 표시한 거니까 그것도 신호라고 할 수 있겠네. 그러고 보니 이름 자체가 신호인 거네. 구구절절 설명하지 않고 인간 개체를 나타내는 기호니까.

수업 시간에 필요한 것을 신호로 직접 만들어 보는 활동을 했다. 두 가지 정도 하자 했는데 아이들이 제안한 것은 조용히 하자, 마스크를 올려서 써라, 손을 씻자, H 삼촌이 지금 여기 있다, 없다. 다섯 가지나 된다. 우리만의 약속을 정하는 게 비밀스러워서 재미난가 보다. 너무 신나서 소란해지자 내가 아까 정한 '조용히 하자' 신호를 보냈다. 아이쿠, 신호를 정하면 뭐하나, 봐야 쓸모가 있지. 가장 필요한 신호는 '화면을 봐라'가 아닐까? 하하!

두 번째 쉬는 시간에 아이들이 숨바꼭질을 하는데 화면 밖으로 이런 소리가 들린다.
"다 숨었어? 다 숨었으면 신호를 보내자."
"무슨 신호?"
"찾으라는 신호!"
오, 신호라는 말을 쓰는군. 아까 말한 '내가 내 마음에 드는 순간'이 바로 이런 순간이다. 우리가 함께한 이야기가 아이들 안에 담겨있다는 걸 발견할 때 나는 내가 정말 자랑스럽다. 헌데 가만있자, 숨바꼭질인데 신호를 보내면 어쩐담? 하하! 그러더니 또 변신 놀이를 만들어 내서 한다. 모두들 인형으로 변신했다고, 진짜 인형 같냐고 물어본다.

전우치 2권에 들어갔다. 휘릭 읽고 나서 시간이 조금 남길래 모임 이름을 정하면 어떻겠냐 제안했다. 한꺼번에 부를 때 '얘들아' 말고 부를 이름이 있으면 좋겠다고. 이야기, 초콜릿, 곰돌이, 선녀와 나무꾼, 토끼와 자라, 흥부와 놀부, 바나나 네 개... 여러 의견이 나왔는데 의견도 다 다르고 시간도 촉박하다. 이름은 신중하게 지어야 하니 다음 주까지 생각해 오기로 했다.

마무리 인사하고 손을 흔들며 헤어지기 전에 보라에게 말했다.
"보라야, 생일 축하해! 네가 태어나서, 널 만날 수 있어서 기뻐. 내일 즐겁게 보내!"

02
글자가 없으면… 공부를 안 해도 돼!

3월이다. 3월은 두 번째 시작하는 달. 1월에 시작했다가 2월에 잠시 주춤, 3월이 되면 다시금 시작하는 마음이 든다. 아이들도 개학을 했다. 새 학년이 된 기분을 물어보니 3학년이 된 빨강이는 자유시간이 많아져서 좋다고 한다. 어머, 빨강아 여태 자유시간을 가진 것 같은데? 학교의 자유시간은 또 다른 의미구나. 4학년이 된 보라와 민트는 모두 아쉬움을 표현했는데 보라는 첫날에 담임샘이 안 나오셔서(아마도 병가를 내신 모양이다), 민트는 친한 아이들이랑 한 반이 안 돼서 그렇단다. 맞다, 새 학년 올라갈 때마다 그게 가장 아쉬웠지. 기껏 친해졌는데, 게다가 가깝게 지내던 아이들 중 나만 홀로 다른 반이 되면 삼월이 내내 시큰둥했더랬지. 이제 학교에서도 동생들을 맞이한 파랑이는 일기를 써야 해서 2학년 된 게 기분 별로란다. 일기 재미나게 쓰는 방법을 언제 함께 탐구해 보면 좋겠네.

"지난 시간에 우리가 뭘 했더라?"
"점 같은 무늬로 동물들이 신호 보내는 거요!"
"동물 중에서 사람은 주로 무엇으로 신호를 보내나요?"
"점? 점자요!"
"하하! 주제 탐구 주제가 점인 걸 잊지 않고 있군요. 점자 같은 글자로 글도 쓰고 또?"
"말이요!"

빨강이가 물꼬를 잘 터준다. 오늘은 인간의 의사소통 수단인 말과 글, 언어에 대해 탐구해 보자고 하고 시작한다. 세상엔 몇 종류의 말이 있을까 상상해 보고, 수천 개 말 중에 우리는 한국어를, 글자는 한글을 쓴다며 차근차근 다양한 글자 이야기로 넘어가는데 보라는 세종대왕을 세 번이나 이야기한다. 한글을 만드는 데 누가 참여했는지 의견이 분분하지만 역시 한글 하면 세종대왕을 떠올리게 된다. 만약에 글자가 없다면 세상은 무엇이 달라질까 상상해 보며 말은 날아가 버리니까 기록으로 남길 때, 멀리 있는 사람에게 전할 때 글자가 필요하겠구나를 알았다.

그리고 <10분이 늦어 이별하는 세상> (좋아서 하는 밴드)의 가사를 화면에 띄웠다. 가사를 보며 노래를 들어보았다. 아이들이 이런 잔잔한 노래를 좋아할까 싶었는데 웬걸, 다시 듣자고 성화다. 이 가사에 '시계' 대신 '글자'를 넣어 노랫말을 바꿔 보았는데 보라가 기여를 많이 했다.

글자 없는 세상이 불편할 거라는 건 내 생각이고 아이들에게 글자 없는 세상은 자유다. 글자가 없으면 공부 안 해도 되고 학교에서 낮잠을 잘 수 있단다. 하하! 그래서 글자를 만들었다고 이어 나가려 한 내 계획은 어긋났지만 재미있다. 정말 글자 없이 수업을 해보면 좋겠는데 오늘은 '점' 중에서도 '글자'가 소주제라 그럴 수가 없다.

박두성이 한글 점자를 만든 이야기 <손가락으로 글자를 읽다>를 읽기 전에 점자가 찍힌 명함을 화면으로 보여주었다. H가 직접 점자 명함을 꺼내 보여주자 아이들이 만져보기도 했다. 이야기를 읽고 나서 점자표를 보며 '점'이란 글자를 만들어 봤다. 초성, 중성, 종성이란 말이 어려워도 직관적으로 알기 쉽게 색깔을 달리해놔서 하는 데는

무리가 없다. 점을 마치고 빨강이는 하나를 더 했다며 화면에 비춰 자랑을 한다. 왜 하고많은 글자 중에 '쌀'인지는 모르겠는데 기쁜 것은 확실하다.

"동물이 점자를 쓸 수 있어요?" 보라다. 되물어 보니 아마 쓸 수 없을 것 같다고 한다.

"점자도 글자의 한 종류죠. 인간 말고 글자를 사용하는 동물을 봤어요? 동물도 의사소통을 하지만 동물의 언어와 인간의 언어는 많이 달라요. 글자 말고 말만 따져도 인간의 언어가 훨씬 양이 많고요, 복잡한 문장을 말할 수 있고 섬세한 표현도 할 수 있죠. 상상으로는 다른 동물도 가능하겠지만요."

쉬는 시간이 되자마자 "물질 섞기 게임 다시 써 보세요."
빨강이다. 물어보니 지난번에 잘못 베껴 썼는지 안 된단다. 채팅창에 Little Alchemy를 써주니까 네 명 모두 화면에 코를 박고 쓴다. 그러게 글자가 없으면 어쩔 뻔했냐.

다양한 글자가 새겨있는 화면을 보고 어느 나라의 문자인지 알아맞혀 봤다. 한글, 영어, 일본어, 중국어를 안다.

"점자요! 점자요!" 아이들이 구석에 있는 점자를 보고 소리친다. 안다

이거지. 흐흐

그리스문자, 키릴문자, 태국문자...들의 모양을 보며 신기하다, 어렵다, 복잡하다 그런다. 태국에 갔을 때, 태국 글자가 궁금해 문방구에서 글자 쓰기 공책을 산 적이 있다. 우리 한글 공부하는 것처럼 따라 쓰게 되어 있었다. 그래, 신기하지만 어렵고 복잡했다. 자음 몇 개 하고는 그만두었던 게 생각나서 혼자 웃었다.

"번역기 사용해 본 적 있어요?"
세상에는 이렇게 다양한 말과 글자가 있는데 우리말이 다른 나라 말로는 뭐라고 하는지 궁금하지 않냐며 찾아보자고 했다. 어떤 말이 알고 싶냐니까 고민을 한다. 고민하는 틈에 '나는 너를 사랑해'를 가보고 싶은 나라의 말로 알아보았다. 워아이니(我愛你), 떼아모(Te amo), 아이시테루(愛してる), 쥬뗌므(Je t'aime), 알러뷰(I love you)... 아이들이 따라 말하며 낄낄 웃는다.
"한국어로도 들어 봐요." 나직한 목소리로 "나는 너를 사랑해." 번역기가 소리를 내니까 까르르 넘어간다.
"번역기에 '아빠 다녀왔다'라고 쳐 보세요." 파랑이다. 이런 말을 들을 일이 없는 파랑이라 순간 당황했다. 왜 그 문장이 궁금한지 궁금하군, 하고 말했지만 이유는 말해주지 않는다.

"어, 아빠란 말이 비슷해!" 멀리 떨어져 있는 나라인데 말이 비슷하니 신기한가 보다.

자기 이름도 다른 나라 말로는 어떻게 소리 나는지 알고 싶어 해서 네 명 모두 중국어 발음을 들어봤다.

이제 집에서 컴퓨터로 게임하다가 어떤 말이 궁금하면 이렇게 번역기를 써 보라니까 구글이냐, 네이버냐 또 묻는다. 어디든 마구 뒤져보고 어떤 게 더 좋은지 알려 달라고 했다.

도깨비 말이라고 사용하는 사람들끼리만 통하는 말을 배워 보자고 했다. '보고 싶다'는 '보보고보시빞다바'같이 늘이고 바꾸고 해서 암호처럼 쓸 수 있다. 언어는 만들기도 하고 바뀌기도 한다는 걸 알려 주고 싶었는데 번역기에서 흥분한 아이들이 도깨비 말을 배울 때 좀처럼 돌아오지를 않는다. 내 말이 들려요? 수업을 계속해도 될까요? 준비되면 알려 주세요, 연두 계속 기다리고 있어요. 이런 말들을 하며 기다리다가 아하, 지난 시간에 만든 신호를 보내자 싶어 '조용히 하자 신호'를 보냈다. 쳐다보는 데 시간은 걸렸지만 빨강이랑 파랑이가 돌아왔다. 자기들이 만든 신호라고 또 다른가 보다. 도깨비 말은 좀 어려워했는데 빨강이가 '저번우부치비'를 '전우치'라고 알아챘고 민트가 처음엔 좀 다르게 했어도 '수수깡'을 '수부수부까방'이라고 결국 도깨비 말 만들기에 성공했다.

마무리로 '오늘 내가 더 좋아진 점'을 찾아보기로 했다. 보라는 전우치를 잘 읽었다고 했고 (정말 보라는 해설을 맛깔나게 읽었다!), 민트는 노래 들은 거 좋았고 오늘은 집중을 했다고 자평했다. 맞다, 그러고 보니 민트가 관심도와 집중도가 전에 비해 무척 좋아졌다. 더 적극적으로 말하면 좋으련만 하는 욕심이 스물스물 올라오는데 워워, 마음을 다잡는다. 빨강이도 전우치전에서 전우치 역할을 잘했다고 스스로를 칭찬했고 우리 막내 파랑이는 점자를 잘했다고 했다. 이렇게 노력하는 나를 수고했다 머리 쓰다듬어 주고 감사 인사하며 수업 끝!

그럼 그렇지. 그냥 돌아가지 않겠지. 민트야, 오늘 라떼 보는 건 안 되겠어. 병원 다녀와서 아주아주 예민하단다. 언니가 보고 싶어 했다고 전해줄게. 아디오스! 떼아모!

03
아끼지 말고 부지런히 써야 하는 말

빨강이가 병원 갔다 늦는다며 셋이 쪼록이 화면 앞에 앉아 있다. 오늘은 내가 장소를 옮겨 어느 공방에서 접속을 했다. 거긴 어디냐, 왜 거기냐, 뒤에 있는 그림은 뭐냐 질문을 퍼붓는다. 윗집 인테리어 공사는 다음 주까지 이어진다. 한동안은 조용한 공간을 찾아다녀야 한다.

지난 시간에 배운 점자는 시각장애인에게 필요한 의사소통 수단이었다면 청각장애인은 무엇으로 소통을 할까 물어봤다.
"글씨로 써야 해요?" 파랑이가 질문하듯 답한다.
"그래요. 글씨로 소통할 수 있죠. 어려운 말로 필담이라고 해요. 다른 건?"

"몸짓이요." 오늘 파랑이가 파랑파랑하다.

몸짓 중에 손으로 하는 말을 수어라 한다고 알려 주었는데 아이들이 처음 들어보는 듯한 표정을 짓는다. 뉴스 볼 때 수어 통역사가 함께 나오기도 하는데 눈여겨보지 않으면 모를 수 있지. 수어 몇 개를 그림을 보며 익혀 봤다. 인사 먼저 배우고, 사랑해, 나, 친구, 주제 탐구 주제였던 쌀, 불까지. 잘 익혔는지 순서를 바꿔가며 해본다. 다들 정확히 알고 있다. 이게 다냐며 여섯 개 단어로는 아쉬워한다. 애타게 만들기 성공이다. 더 알고 싶고 더 해보고 싶어 할 때 배움이 일어난다.

'한국수어사전'에 찾고 싶은 말을 입력해서 동영상으로 수어를 더 알아보았다. 빨리, 물, 강, 나무, 동물, 행복… 보라와 파랑이가 연신 찾고 싶은 말을 떠올린다. 민트는 물어봐도 씩 웃기만 하거나 빨강이가 말해주는 걸 그대로 말한다. 그래도 열심히 따라 하며 익힌다. 보라가 낱말들을 이어서 혼자 문장을 만들어 보인다.

"이거 맞지요? 나는 동물을 사랑한다!"

"맞아!" 미리 공부해 간 수어를 함께 보여주며 대답을 했다.

어떤 낱말은 수어가 무엇일지 상상 먼저 해보기도 했는데 우산, 부채, 공룡을 파랑이가 정확히 맞혔다!

"파랑아, 너 감이 좋다. 재능이 있어 보여. 수어 통역사 해 봐도 좋겠는데? 컴퓨터게임 아홉 번 하고 한 번은 수어 검색해서 꾸준히 익혀보면 좋겠다." 하자 파랑이가 환하게 웃는다.

생각보다 아이들이 관심이 커 보이길래 동영상을 보며 '나비야' 노래도 배워 보았다. 익숙하고 간단한 가사에 복잡한 수어가 없어 금세 따라 한다.

그다음엔 교재의 <문자를 어떻게 보내면 좋을까요>를 읽으며 문장부호에 따라 같은 말도 다른 느낌을 전할 수 있다는 것을 알아보았다. 요새 많이 쓰는 표정 이모티콘 10개를 보며 어떤 마음을 표현하는 걸까 이야기 나누는데 빨강이 등장. 평소보다 차분하다. 가만 보니 좀 긴장한 듯하기도 하다. 이모티콘으로 빨강이 표정을 찾아보려다 혹시 무슨 일이 있냐 물어보았다. 손목 결절종 제거 수술 날짜를 잡았다 한다. 에고, 물어보길 잘했다. 눈치 없이 심각한 표정 이모티콘을 찾아 보여줬으면 빨강이 마음 상할 뻔했다.

이야기를 나누다 아이들 화면이 잠깐 멈췄다. 아이들이 내 화면은 보일까 싶어 아까 배운 수어로 '나는 너를 사랑해'를 보냈다. 잠시 뒤에 다시 인터넷이 이어졌는데 아이들이 내가 하는 수어를 보았다며 아이들도 사랑한다고 연신 수어를 보낸다.

쉬는 시간을 시작하려는데 갑자기 보라가 내 '원래 이름'과 나이를 묻는다. "지구에서 쓰는 이름은 이남실이고 나이는… 380살이에요." 하자 모두 눈이 휘둥그레. 380인 이유는 차차 이야기해 주마, 했지만 이때를 놓칠 리가 없다. 성화에 못 이겨 나는 원래 칼라볼이라는 행성에서 왔다, 거기는 생명체가 형태가 없고 색깔로만 존재하는데 나는 연두였다, 칼라볼에서부터 나이를 따지면 380이다, 하고 설명을 하는데 아이들 입이 점점 벌어진다. 그리고 진짜 쉬어야 한다며 후다닥 비디오와 오디오를 껐다. 물론 둘째 시간 시작할 때 뻥이죠 뻥이죠 얘기를 귀 따갑게 들었다. 쉬는 시간에 쉬지는 않고 연두 얘기가 뻥인지 아닌지 토론을 했나 보다. 뻥 아니고 이런 건 상상이라고 하는 거야. 하하!

<누가 치즈케이크를 먹었을까?>라는 이야기는 표정과 몸짓으로 치즈케이크를 먹은 범인을 추측하며 읽는 재미가 있다. 누가 내 치즈케이크 먹었냐고 물었을 때 동생, 언니, 오빠가 저마다 다른 표정과 손동작을 하는데 아이들이 그 동작을 따라 해보며 어떤 마음일지 짐작해 보았다. 동생은 아닌 거 같다, 언니가 화내는 게

조금 의심스럽다, 오빠네, 오빠야, 불안해하잖아… 이러면서 탐정처럼 범인을 추적했다. 결정적으로 오빠 입가에 빵가루가 묻어 있다고 하자 파랑이가 입에 묻은 빵가루를 떼 내는 시늉을 한다. 연기가 아주 그럴듯해서 모두 목젖이 드러나게 웃었다.

점 주제 탐구의 핵심 개념은 언어. 신호와 글자에 이어 오늘은 다양한 소통에 대해 배우는 중이다. 이어서 감정을 나타내는 낱말을 보고 표정과 몸짓으로 표현하는 활동을 했다. 마스크를 쓰고 있어 표정을 보기가 쉽지 않으니 자기 차례에만 살짝 내리고 하기로 했다. 깜짝 놀라다, 불안하다, 기쁘다, 절망하다, 자랑스럽다, 통쾌하다… 그런 감정을 언제 느껴봤는지, 그때 내 표정이 어땠을지 이야기 나누며 표정을 지어보는데 파랑이 연기가 아무래도 남다르다. 수어 통역사보다는 연기를 해야 하나?

사람의 신호는 말이 30, 표정 등 나머지가 70을 차지한다니 말 외의 다른 행동을 알아채는 것이 의사소통에서 중요하다. 말과 본뜻이 다를 수도 있는데 그런 적이 있는지 물었다. 괜찮지 않은데도 괜찮다고 한 적이나 미안하지도 않은데 억지로 미안하다고 하거나. 보라가 그런 적 있다고 한다. 민트도 끄덕끄덕한다. 그럴 때 표정이 어땠을까도 상상해 봤다. 대화할 때 말도 귀 기울여 들어야겠지만 상대방의 표정이나 몸짓을 잘 살펴보면 마음을 더 잘 이해할 수 있다. 말이 없이 의사소통을 얼마나 잘하는지 2분 동안 표정과 몸짓으로만 소통해 보자고 제안했다. 이름하여 '몸으로 말해요'.

아이들은 벌써 신이 났다. 민트와 보라는 왜 그러는지 후드를 얼굴까지 뒤집어쓰거나 외투를 장옷처럼 머리에 쓰고 웃고 있다. 타이머를 켜고 손을 들었다 내리며 입 모양으로만 '시작'을 외쳤다. 내가 두 손바닥을 위로 치켜올리며 왜 뒤집어쓰고 있냐 소리 없이 묻는다. 파랑이랑 빨강이가 자기들도 모른다는 듯 두 손바닥을 위로 올리며 고개를 갸웃한다. 외투를 벗으라고 손짓을 하자 파랑이와 빨강이가 외투를 벗긴다. 민트와 보라는 웃음이 나오려는 걸 손으로 틀어막는다. 추워? 오들오들 떠는 시늉을 하며 물어보니 고개를 젓는다. 아까 배운 수어로 서로 사랑한다 표현도 하고 지난번 정했던 '마스크를 올려라' 신호도 보내며 즐거운 침묵의 2분이 지났다. 타이머가 알림음을 울리자 아이들이 한꺼번에 참았던 웃음을 터트린다.

"어땠어요? 말을 안 해도 소통이 되던가요?"

"네! 재미있어요. 더 하면 안 돼요?"

"그럼 전우치를 건너뛸까요?"

"에이, 그건 안 되죠."

전우치까지 읽고 수업을 돌아보는 시간. 수어가 흥미로웠다고 한다. 이모티콘하고 '몸으로 말해요'도 재미있었다고 한다. 그래, 오늘따라 즐거워 보였어. 그러고 보니 신기하다. 즐겁고 흥분할 때면 선을 넘고 시끄러워졌는데 오늘은 달랐다. 큰 목소리로 흥분하지도 않았고, 내가 이름을 계속 부른 적도, 멈추고 기다린 적도 없다. 수어를 했기 때문이기도 하지만 이제 아이들이 알아서 조절하는 것 같다. 배움의 재미를 알아가는 걸까. 몹시 흐뭇하다가 아니지, 이러다 또 천방지축 뒤죽박죽이 될 수도 있으니 일희일비하지 말아야지 마음을 고쳐먹는다.

마무리 인사도 역시 배운 사람답게 수어로 했다. 나 고마워, 나 사랑해, 고맙습니다, 안녕! 차례로 인사하고 나가는데 파랑이가 돌아와 나직하게 한마디 더 한다.
"안녕히 계세요. 사랑합니다!"
"나도 사랑해."
사랑한다는 말, 파랑이처럼 아끼지 말고 부지런히 써야겠다.

04
왜 짜증이 나는지 모르겠어요

    이번 주에도 마을의 공방에서 수업을 했다. 가는 길에 안 보이던 꽃이 보인다. 어머나, 자목련도 벌써 피었네. 마주친 사람은 얇은 봄 점퍼를 입고 있다. 내복과 겨울 외투를 껴입은 내가 뭔가 계절에 뒤처진 것처럼 느껴지기도 하지만 나는 아직 추운 걸 어쩌랴.

    "게임이요!"

    무엇으로 스트레스를 푸냐는 질문에 빨강이가 생각할 필요도 없다는 듯 대번에 대답한다. 파랑이는 싸운다고 말한다. 누구랑? 그냥 화날 때 옆에 있는 애랑. 그렇구나. 스트레스가 있을 때는 화날 준비가 되어 있고 아무렇지 않은 일에도 크게 반응을 하게 되지. 민트는 곰돌이 푸 인형을 때리고 보라는 매운 걸 먹는다고 한다. 난 잠을 자거나 뜨개질을 한다고 말했다. 스트레스를 푸는 방법이 가지각색이다. 내 기분을 내가 알아채고 잘 표현할 수 있을 때 나와 남을 해치지 않고 감정을 소화할 수 있겠다며 점 주제 탐구 네 번째 수업을 시작한다.

그림이나 사진을 보며 어떤 상황인지, 그때 인물들의 마음이 어떨지 짐작해 봤다. 급식을 먹는데 짝꿍이 말을 하다 음식이 튀는 그림. 드럽다(더럽다가 아니라 '드'를 길게 소리 내서 드~럽다!), 화난다, 짜증 난다, 속상하다, 불쾌하다. 갑자기 옆에 있던 친구가 쓰러지는 장면엔 놀란다, 걱정된다, 긴장된다, 불안하다, 당황스럽다. 감정을 표현하는 낱말이 꽤 다양하게 나온다. 그때 보라가 의심스럽다는 말을 했다. 왜 그런지 물어보니 장난일 수도 있다고 생각해서라며 자기 의견을 잘 말한다. 마음껏 그리고 싶은 그림을 그리는 그림에는 신난다, 흐뭇하다, 재미있다. 빨강이는 그리기 싫은데 그리는 거니까 힘들단다. 그림 속 아이가 신나 보여도 그렇게 보이는구나. 빨강이가 오늘 힘든 걸 수도 있겠다 싶은데 다음 그림에서 더 확실해졌다. 친구가 나를 최고라고 엄지척 하고 있는 그림에서 다른 아이들이 기쁘다,

행복하다, 자랑스럽다고 할 때 빨강이는 화난다는 낱말을 선택한다. 왜 화가 날지 궁금하다고 하니 잘한 게 아닌데 칭찬하는 거니까 화가 난단다. 이야기를 조금 더 나눠봤더니 빨강이는 보통 스스로 잘했다고 생각하는 때가 별로 없다고 한다. 오늘 꽤 심각한 우울 모드다.

같은 상황에서도 사람이 느끼는 감정은 다 다를 수 있다. 그런 상황에서 민트는 어떠냐고 물어보니까 "싫지는 않은데 좀…"이라고 한다.

"부끄러운 건가요?"

"네."

칭찬이 쑥스럽거나 부담스러울 수도 있고 때로는 맥락에 따라 기분이 별로 안 좋을 수도 있다. 특히 잘했다, 기특하다 같이 어른이 아이들에게 많이 쓰는 칭찬의 말속에는 낮추어 보는 마음이 깔려 있기도 하다. 그러니 빨강이처럼 화가 날 수도 있는데 왜 그런지는 좀 더 잘 살펴보면 좋겠다, 하고 다음 그림으로 넘어간다. 애써 지은 농사를 갈아엎어 버리는 장면. 민트가 슬프다고 하고 보라가 억울하다고 말한다. 서운하다, 속상하다, 힘들다, 절망스럽다 같은 낱말이 더 나왔다.

상황마다 자기 마음을 알아채는 게 중요한데 내 마음을 내가 가장 모를 수도 있다, 화난다, 짜증 난다, 기분이 좋다 정도만 아는데 나를 잘 살펴보면 지금까지 나온 낱말의 감정들도 느낄 거다, 더 자세히 내 마음을 보자며 교재의 <내 마음속에 돌덩이가 있나요?>를 펼쳤다.

빨강이가 책을 펴지 않고 노트북을 만지나 싶더니 화면이 천장을 비추고 흔들린다. 이야기 나눌 때도 뒤로 몸을 빼고 앉아서 얼굴이 작아지고 목소리도 잘 안 들렸는데 내내 주시하고 있던 H가 빨강이를 데리고 벽 뒤로 가신다. 작은 목소리로 무슨 상황인지 물어봤더니 아이들이 더 작은 목소리로 "빨강이 혼나고 있어요."란다. 오늘 빨강이가 힘도 없고 기분도 썩 안 좋은 거 같으니까 마음을 잘 헤아려 주자고 했다. 돌아온 빨강이는 여전했다. 오히려 더 고집을 피우듯 책을 천천히 펴고 자기 차례에도 입을 꾹 다물고 있다. 천천히 하라고, 준비되면 셋째 줄 읽으면 된다고, 우린 기다릴 수 있다고 말하니까 파랑이가 "맞아."하며 빨강이를 응원했다. 힘들면 돌아가며 읽지 않아도 된다는데 그건 또 싫단다. 빨강이가 의자를 까딱거리다가, 연필을 떨어뜨려 줍다가, 다른 데를 쳐다보다가 계속 차례를 놓치자 참다못한 보라가 냅다 소리를 지른다.

"읽으라고! 네 차례라고!"

분위기가 싸해진다.

"보라, 답답하지? 빨강이는 당황스럽고. 자기 마음을 살펴보기 좋은 순간이네요."

일단 더 이야기 나누지 않고 수업을 이어갔다. 면접을 앞두고 긴장이 되어 마음이 무겁다는 에피소드를 읽을 때 보라가 "어제 진단평가했어요."라고 말한다. 긴장됐다고. 다른 사람의 이야기를 읽다가 자기와 연결시키는 순간이다. 너도나도 다 그 이야기를 한다. 다행히 다들 시험을 잘 봤다고 한다. 글을 다 읽고 마음에 돌덩이가 있는 것처럼 느껴질 때가 있었는지 경험을 이야기 나눴다. 파랑이가 먼저 학교에서 시 발표를 했는데 그때 떨렸다고 했다. 읽은 시가, 우리가 시작 노래로 삼은 <예쁘지 않은 꽃은 없다>였다며 신기하다고 했다. 보라도 학교 온라인수업에서 발표할 때 늘 긴장된다 하고, 보라도 진단평가할 때 잘하지 못할까 봐 떨렸다고 한다. 우리의 빨강이, 떨린 적이 없다고 한다. 이런저런 있을 법한 상황, 그러니까 실수를 했는데 인정하고 싶지 않았다든가, 엉뚱한 핑계를 댔는데 들킬까 봐 조마조마했다든가, 걱정이 된다든가 한 적이 한 번도 없나 생각해 보라며 내 경험담을 들려주었다.

신○○. 1학년 담임선생님이었다. 쉬는 시간마다 아이들이 칠판에 달라붙어 낙서를 하다가 종이 치면 후다닥 지웠다. 그날 나도 낙서를 했다. 칠판 귀퉁이에 신○○, 세 글자를 썼는데 선생님이 빨리 들어오시는 바람에 못 지웠다. 그걸 발견한 선생님이 느닷없이 누가 썼냐고 회초리를 교탁에 두드리며 엄청 화를 내셨다. 나는 두려워서 손을 못 들었고 고개만 숙이고 있었다. 평소 말썽이 잦았던 한 아이를 불러내 손바닥을 때렸다. 난 겁에 질려 그게 아니라고, 사실은 내가 한 거라고, 선생님이 좋아서 이름을 썼다고 말하지 못했다. 그래서 그 아이를 볼 때마다 마음에 돌덩이가 들어앉은 것처럼 마음이 무거웠다고 아이들에게 말했다. 아이들 표정이 심각하다. 안쓰러워하는 것도 같다. 연두 기분이 어땠겠냐 물어보니 당황스러워요, 미안해요, 무서워요 아이들이 공감해 준다. 그런데 이번에도 빨강이가 대뜸 "당연히 선생님이 화나겠죠. 연두가 반말했잖아요." 한다. 백번 양보해서 이름 쓴 것이 불쾌했다 해도 학생을 때리는 것은 정당하지 않다고 말했다.

이렇게 마음이 무거웠을 때를 떠올리며 글을 쓸 테니 쉬는 시간에 글감을 생각하며 놀자 하고 쉬는 시간을 가졌다. 빨강이랑 따로 이야기를 나눠볼 참인데 벌써 저만치 가버리고 대신 민트가 화면 앞에 있다. 보라네 담임선생님은 아이들을 아기들이라고 하는데 엄청 무섭다고, 자기네 선생님은 착해서 잘할 때마다 초콜릿이나 마이*를 준다고 수다를 떤다. 이렇게 말이 많은데 수업 때는 어찌 그리 얌전할까.

"몇 줄 써요?"

하하! 글 쓸 때 꼭 하는 질문. 아이들은 알면서도 괜히 물어본다. 길게 쓴다고 좋은 글도, 짧게 쓴다고 안 좋은 글이 되는 것이 아니란 걸. 나의 이야기를 들려준다 생각하며 편하게 쓰면 된다. 다만 무엇을 쓸지를 확실히 하고 쓰고, 기왕이면 뻔한 이야기 말고 흥미로운 이야기, 솔직한 이야기면 더 좋다. 큰따옴표를 쓰면 생생하게 읽힌다, 정도의 몇 가지 팁을 주고 '마음이 무거웠을 때'의 글감으로 무엇을 선택했는지 물어봤다. 파랑이는 시 발표할 때 마음을 써본다 하고 보라와 민트는 진단평가할 때를 써보겠다 한다. 빨강이는 쓸 게 없단다. 그래서 지난주 병원 다녀온 이야기를 써 보면 어떠냐고 제안을 했는데 마음이 하나도 안 무겁단다. 무겁지 않았어도 별다른 글감이 생각 안 나면 그 일을 써 보라고 권했다.

보라가 마음이 무거울 때 1, 2, 3 번호를 매겨 쓰고 있다는 걸 발견했다. 그중 하나를 택해서 자세히 써보자고, 아니면 그렇게 몇 가지 이야기를 같이하려면 번호를 매기지 말고 이어서 써 보자고 했다. 민트는 진단평가하기 전이랑 시험지 받았을 때, 시험 볼 때와 끝났을 때 시간순으로 이야기를 잘 풀어나갔는데 '긴장되었다'가 다섯 번이나 나온다. 하나만 남기고 표현을 달리 해보자며 조마조마했다, 두려웠다, 걱정이 됐다로 고쳤고, 고친 다음 다시 발표를 한다고 먼저 나선다. 쓴 글이 마음에 드는 것이다. 나도 흡족하다. 물론 빨강이는 아무것도 쓰지 않았고 나도 더 독려하지 않았다.

글 쓰고 발표하고 나서는 내가 내 마음을 잘 아는지, 내 마음을 잘 표현하는지 별 다섯 개의 별점으로 표시해 보았다. 파랑이와 민트는 모두 5점 만점을 주었고, 보라는 각각 3, 4점, 빨강이는 처음엔 대답이 없다가 내 마음을 아는 것은 2점, 표현을 잘하는지는 모르겠단다.

마무리로 점 주제 탐구 전체를 돌아보며 배운 것 중 기억에 남는 것을 나눠보았다. 수어, 수어 노래, 점자, 범인 찾기, 동물 사전… 아이들이 발표할 때 가만있던 빨강이, 그래도 흉내문어를 이야기한다. 인사하고 다 돌아가는데 빨강이를 불러 앉혔다. 지난주부터 힘이 없어 보이는데 어디 아픈 건 아니냐 물어봤다. 말이 없다. 아까 많이 혼났냐 해도 가만히 있는다. 그러더니 축 처져서는 "다 짜증 나요. 왜 그러는지 모르겠어요." 한다. 에고, 그럴 때가 있지. 너무 힘들지 않게 지나가면 좋겠다, 학기 초라 몸과 마음이 피곤할 수도 있다, 팔팔하게 의욕이 넘치던 빨강이가 그립다, 푹 쉬고 잘 먹어라, 하고 빨강이를 올려보냈다.

봄이 왔다는데 나는 춥고, 아무 일 없는데 빨강이는 짜증이 난다. 날이 더워지면 옷이 가벼워지듯 시간이 가면 빨강이의 무기력과 짜증이 저절로 가시려나. 절로 해결될 것과 아닌 것을 판단해야 할 때가 있고 지금이 그때 같다. H랑 상의해 봐야겠다. 학기 초라 힘들겠다는 가벼운 말 안에 진짜 큰 어려움이 들어 있을 수도 있다. 특히 읽기가 어려운 빨강이가 낯선 교사와 친구들 틈에서 어떤 상황에 놓이는지, 어떤 감정을 느끼는지 조금 더 알아봐야겠다.

6. 나무

01
사람이 나무에게 주는 것은?

 괜한 걱정을 한 건가, 오늘 빨강이가 빨강이로 돌아왔다! 수업 전 H에게 여쭤보니 지난주엔 수업 직전에 엄마(생활지도 샘)에게 혼나고 억울한 상태로 내려왔다더니 오늘은 표정부터가 다르다. 그래, 저렇게 해맑아야 빨강이지. 틱틱 딴지를 걸고 바득바득 억지를 부려도 풀 죽고 냉소적인 것보다 백배 천배 낫다. 학교에서도 특별한 일이 없다니 일단은 안심이다.

 계절에 딱 맞는 노래, <예쁘지 않은 꽃은 없다>를 부르고 좋아하는 나무 이야기로 나무 주제 탐구를 시작한다. 먼저 막내 파랑이가 사과나무가 좋단다. 보라랑 민트는 둘 다 벚꽃나무(벚나무 아니고 벚꽃나무!), 빨강이는 빨간 단풍나무라 한다. 다 자기 닮은 나무를 좋아하는구나.

 평소에 나무를 가만히 살펴본 적이 있냐, 집 근처에, 동네에 어떤 나무들이 있는지 생각해 본 적은 있냐 물으니 보라가 맨날 보는데 자세히 살펴본 적은 없다고 한다. 그래, 그럼 지금 집에서 학교 가는 길에 어떤 나무들이 있는지 가보자 했더니 아이들이 의아해한다. 멀리 떨어져 있는 연두가 전우치처럼 축지법을 쓸 수도 없는데 무슨 말일까. 지도 앱을 열며 로드뷰로 볼 거라니 아하 하는 표정이다. 지도 앱에서 보육원 이름을 검색, 집 사진이 딱 나오니까 아이들이 감탄한다. 방향을 살짝 돌리니 집 귀퉁이에 있는 벚꽃 핀 나무가 잡힌다. "벚꽃나무다!" "지금 피었어요!"하며 흥분한다. 여기서부터 학교 가는 길에 또 어떤 나무가 있는지 보자며 방향키를 움직여 언덕 아래로 내려간다. 길 양쪽으로 가로수가 있는데 이건 무슨 나무일까 물어보니 모르겠다 한다. 초성을 말해주마, 하고 니은, 티읕이라고 알려줘도 모른다. 느...까지 힌트를 주니 "느티나무!" 소리를 지른다. 빨강이가 "우와, 저게 느티나무구나."하며 더 빨리 가보라고 재촉을 한다. 어느 집 정원 안에 나무가 보인다. 소나무는 아이들이 잘 안다. 교차로에서 가로수가 다른 나무로 바뀌는데 로드뷰로 보니 정확하지는 않지만 은행나무 같다고 하자, 파랑이가 "맞아요! 은행나무! 은행잎 떨어져요." 그런다.

아이들이 오른쪽으로 가라, 코너를 돌아라, 거기 다시 보여달라, 저게 바로 학교다 하며 화면에 코를 박고 명령을 하고 나는 명령대로 커서를 움직이며 덩달아 신이 난다. 학교에서 다시 돌아서 집으로 오는 길에 또 다른 나무들이 보인다. 회양목, 향나무, 학교 앞 꽃집에 율마도 보인다. "단풍나무다!" 빨강이가 단풍나무를 찾아냈다. 거기 있는 걸 안다고, 자기가 좋아하는 나무라서 안다고 야단이다. 돌아오는 길에 단풍나무 두 그루를 더 찾아낸 빨강이는 의기양양하다. 민트는 벚나무를 발견했다. 오, 정말 좋아하면 더 잘 보이는구나. 벚나무 꽃이 만발했는데 가만, 아직 저렇게 안 피었단다. 정보를 보니 2018년에 찍은 사진이다. 그 해에 파랑이와 빨강이는 유치원을 다녔고 보라랑 민트는 1학년이었다며 계산을 해보는 아이들. 덤으로 화분이나 작은 공터에 심어진 나무들, 외벽을 타고 오르는 담쟁이도 살펴봤다. 집에 도착하자 아이들이 집 쪽으로 들어가 보라 한다. 로드뷰라니까! 도로는 찍지만 사생활 침해가 되니까 집안까지 찍으면 안 된다고 알려주자, 집 앞마당에도 나무가 있다며 아쉬워한다. 허허 얘들아, 나가서 보면 되지!

벚꽃이 나오는 <우리 동네에 피어 있는 벚꽃> 이야기를 돌아가며 읽었다. 사진이랑 그림에 벚꽃이 가득하다. 벚나무 아래서 사진 찍는 이야기 속 인물을 따라 파랑이랑 민트가 손가락으로 V를 그려본다. 피시방 가고 싶은 마음을 접고 벚꽃 구경을 간 이야기를 읽고서 꽃나무를 보면 기분이 덩달아 좋아지는데 은행나무를 본 시인은 어떤 마음이 됐을지 시를 읊어보자 했다. 이안 시인의 <은행나무>를 함께 읽었다.

가만히
은행나무를
보고 있자니
마음이 아주
노래진다

꼭
노란 은행나무가
내 마음에
들어온 것처럼

환하다
환하다

-이안 〈은행나무〉 (출처: 〈고양이와 통한 날〉, 문학동네)

민트가 벌써 공책에 시를 쓰고 있다. 시인이 은행나무를 어떻게 보고 있을지, 마음이 어떤지 이야기 나누고 나서 시를 외워보았다. 행마다 앞 음절 하나만 남기고 모두 지우고 나서 외운 시를 채워보면서 다시 읽었다. 조금 더 천천히 부드럽게 읽으면 좋으련만 빨강이 에너지가 오늘 너무 넘친다. 이렇게 나무를 보고 있노라면 아름답다고 느껴지고 마음이 포근해지거나 환해지거나 한다. 사람은 나무에서 영감을 받아 시나 노래나 그림 같은 예술작품을 만들기도 한다 했더니 민트가 얼마 전 '벚꽃나무'로 글을 썼다고 한다. 오늘 민트도 입이 트였다. 내겐 민트가 은행나무다. 나도 환해진다.

이야기 주인공들처럼 언제 벚꽃 앞에서 사진 찍어보라 하며 쉬는 시간을 가졌다. 쉬는 시간에 지난 4주 동안 모은 동전 초콜릿을 나눠 먹으며 여태 못 지은 모둠 이름도 합의를 해오라고 주문했다. 커피에 뜨거운 물을 더 부어 와서 보니 H가 문자로 사진 몇 장을 보내셨다. 하하! 수업하는 아이들 모습에 벚꽃 필터를 넣어 편집하셨다!

아이들 셋은 '책방 친구들', 빨강이 혼자 '도라에몽 친구들'. 합의를 못 하고 있다. 이렇게 의견이 대립할 때 어떻게 하나 하니까 다수결 이야기가 나온다. 그럼 소수의견을 주장한 사람이 어떤 마음일까 물어보니 그럼 가위바위보로 하잖다. 그건 모두가 좋다고 하고 지면 깨끗이 승복하기로 했다. 안 내면 진다, 가위바위보! 그래서 이제 보라, 민트, 빨강이, 파랑이를 한꺼번에 부를 때 '여러분' 말고 '책방 친구들'이라고 부르게 되었다! 빨강이가 깨끗이 승복했냐고? 아쉬운 표정이 역력했지만 토를 달지 않았다. 한 마디도!

무인도에 표류한 로빈슨 크루소에게 나무는 살아가는 데 꼭 필요한 것을 제공해 준다. 피치마켓에서 만든 책 <로빈슨 크루소>의 일부를 발췌해서 읽어 주었다. 내가 읽을 때 책방 아이들은 공책에 메모를 하게 했다. 로빈슨이 나무로 무엇을 했는지, 어떤 도움을 받았는지 간단하게 쓰고 나중에 발표를 했다. 그릇을 만들었어요! 날짜를 나무에 표시했어요! 오렌지 나무 때문에 감기가 나았어요! 포도, 코코넛, 오렌지 나무 열매를 먹었어요! 메모를 하며 들으면 더 귀 기울여 듣게 되고 정리도 잘 된다. 지금 읽어 준 것 말고 로빈슨이 나무로 또 무엇을 했을까 상상해 보기로 했다. "젓가락을 만들어요!" 파랑이다. 하하! 로빈슨이 젓가락을 썼는지 알 수는 없어도 포크로는 사용했겠네. 숟가락, 상자, 집, 배… 정말이지 나무가 없었으면 로빈슨은 어찌 살았을까 싶다.

마지막 활동은 나무와 사람으로 생각 나무를 그리는 것. 생각그물을 나무 형태로 만들어서 땅 위의 이파리 부분에는 나무가 사람에게 주는 것을 쓰고, 땅 아래 뿌리 부분엔 사람이 나무에게 주는 것을 써 보았다. 보라가 먼저 "사람이 나무를 심어요." 한다. 빨강이도 "나무는 미세먼지를 없게 해 줘요.", 민트는 "심고 보살펴 줘요.", 파랑이 "불 때게 해 줘요."를 시작으로 돌아가며 생각 나무를 완성했다.

"사람이 나무에게 받는 것은 이렇게 많은데 사람이 나무에게 주는 건 별로 없군요." 했더니 보라가 "음... 사람이 나무에게..." 뜸을 들이다가 "고마워한다?" 이런다. 하하하! 정말 그걸 생각 못 했네. 어쩌면 이것이 나무 주제 탐구의 핵심이겠다. 고마워하는 마음을 주고 실천하는 것 그것이 생태에서, 관계에서 가장 중요하지. 마지막으로 '고마워함'을 써넣었다.

그때까지 몇 차례 자리를 뜨거나 흥분해서 목소리가 커지기는 했어도 빨강이가 다시 팔랑해져서 좋았는데 <전우치>를 읽을 때 문제가 생겼다. 파랑이와 같은 역할을 읽겠다고 한 것. 둘 다 새 인물 강림도령이 하고 싶은 거다. 저희들끼리 재빠르게 가위바위보로 결정하기로 하고 이기는 사람이 강림도령, 진 사람이 신하를 하기로 했다. 아, 이번에도 빨강이가 졌다. 읽어나가는데 신하 차례에서 빨강이가 안 읽는다. 아이들이 읽을 차례라고 알려주는데도 꼼짝도 않더니 갑자기 민트 역할인 해설을 읽는다. 당연히 아이들은 아우성을 친다. 빨강이도 왜 나만 갖고 그러냐고 고래고래 소리를 지른다. H가 네가 하고 싶은 것만 할 수는 없다고 개입을 하신다. 빨강이는 입을 굳게 다물고 씩씩거리고 있다.

"빨강아! 연달아 져서 속도 상하고 원하는 역할을 못 하게 돼서 성이 나는 거지? 그런데, 바로 지금이 너의 멋짐을 보여 줄 때야. 사람이 언제 멋진 줄 알아요? 중요한 역할, 양이 많은 역할을 할 때가 아니고, 아주 작은 역할도 최선을 다할 때 멋진 거예요. 다시 읽어 볼까요?"

고집을 피울 때는 고집을 해제할 명분을 만들어 줘야 한다. 빨강이는 멋진 사람이고 그걸 보여 주자. 빨강이가 신하의 대사를 했고 무사히 읽기를 마쳤다. 전우치의 도술을 비웃는 센 아이, 강림도령이 나타나자 책방 아이들 모두 어떤 일이 벌어질까 궁금해한다. 빨강이도 웃는다.

02
그렇다고 치자나무

    화상회의 앱을 연결하며 H는 책방 친구들을 데리고 벚꽃 구경 다녀온 이야기를 들려주신다. 저번 시간에 읽은 글의 삽화처럼 '벚꽃나무' 아래서 찍은 아이들 사진도 보여 주는데 환하다, 환하다. 잠시 후 아이들이 와르르 들어온다. 가발이죠? 이상해요. 진짜 가발 아니에요? 머리 원래대로 돌려놓으세요! 한 아이가 병원을 다녀와야 해서 한 주 거르고 만났는데 아이고, 그 사이 머리를 짧게 잘랐더니 아이들이 난리다. 감을 때 샴푸도 적게 들고 가벼워서 좋기만 하구만 아이들은 왜 하나같이 긴 머리를 선호하는가.

엊그제였던 식목일 이야기부터 시작했다. 나무 마지막 날 우리도 무언가 심어보자고 하자 아이들이 느티나무를 제안한다. 작은 화분에 모종 심는 정도로 예상했건만 스케일이 크구나. 좀 더 생각을 해보자며 아는 나무 노래가 있냐로 말꼬리를 돌린다. 빨강이가 단풍나무 노래를 안다고 한다. 응? 단풍나무 노래는 뭘까? 불러달라니 기억은 안 난단다. 나중에 찾아보니 어머나, 진짜 좋은 노래가 있다. 다음 시간에 함께 들어봐야겠다. 다른 아이들은 생각이 잘 안 나는 모양이다. 그래서 내가 <가로수 그늘 아래 서면>을 부르며 이 노래 아냐고 물어봤다. 아니, 이문세를 몰라? 그럼 <나무야 나무야 서서 자는 나무야> 이 노래는? 모르는구나. 그럼 <나무야 나무야 겨울나무야>는? 아니, 요새는 음악 시간에는 대체 무슨 노래를 배우는 거지? 보라가 '푸른 하늘 은하수~' 그 노래에 나무가 나온다고 한다. 맞다. 그 나무가 무슨 나무더라? 손놀이까지 해가며 노래를 불러봤다. 계수나무!

오늘 배울 <나무 노래> 가사를 화면에 띄웠다. '가자 가자 감나무, 오자 오자 옻나무'로 시작해서 '암만 커도 소나무, 암만 작아도 대나무'로 끝나는 노래를 한 번 들어보고 가사를 음미해 본다. 나무 이름으로 말놀이를 한 것인데 아이들 반응이 가장 좋은 대목은 '그렇다고 치자나무'와 '한 대 때렸다 꿀밤나무'다. 처음에 이게 뭐지

하다가 아하 하게 되는 것이 재미나다. 몇 번 들으며 따라 부르고 그중 한 소절씩 정해서 가사를 쓰고 그림을 그려보자고 했다. 보라는 '암만 작아도 대나무'를 택했다. 민트는 '나도 너도 밤나무'를 하겠다고 손을 든다. 그런데 파랑이가 자기도 '나도 너도 밤나무'를 하고 싶단다. 그건 민트 누나가 먼저 정했으니 다른 나무를 골라보자 말하는데 민트가 그럼 자기가 '가자 가자 감나무'를 하겠단다. 아, 이럴 때 난감하다. 동생에게 양보하는 민트를 그릇이 넓다고만 봐주면 되는 건지, 자기 욕구를 또 후순위에 두지 말라고 말해 줘야 할지 잠깐 고민한다. 자신의 의사를 정확하게 표현하지 않는 민트는 양보를 누구보다 빠르게 한다. 내내 마음에 걸렸던 터라 한 번은 진지하게 이야기해보려 했는데 오늘은 그냥 넘긴다. 민트를 따로 만나 이야기해 보자.

그래서 파랑이는 해맑게 밤나무를 그리기 시작했고 빨강이는 고심 끝에 '뚝 떨어진다 뚝나무'를 선택했다. 그러면서 꿀밤나무도 해도 되냐고 묻는다. 빨강아, 빨강아. 일단 하나를 잘 완성해 보자꾸나. 글씨를 쓰고 그림을 그리는 시간이 세상 평화롭다. H가 나무 노래를 배경으로 깔아 주시니 천국이 따로 없다. 덕분에 나도 '너하고 나하고 살구나무'를 그릴 수 있었다. 보라는 벌써 다 그리고 '그렇다고 치자나무'를 더 하고 있다. 마음만 급한 빨강이는 나도 꿀밤나무 더 그릴 거라고 다시금 각오를 다졌지만 결국 뚝나무 하나로 만족해야 했다. 오, 그런데 뚝나무에서 잎이 뚝뚝 떨어지는 게 썩 멋진 작품이다. 민트의 무지개 감나무도 그렇고 보라의 대나무와 치자꽃 핀 나무도 다 멋지다. 어라, 파랑이의 밤나무를 가만 보니 밤송이가 아니라 알밤이 하나씩 대롱대롱 매달려 있다. 하하! 그래도 밤나무 옆에 집이랑 구름이랑 새도 정성껏 그려 넣었다. H가 실시간으로 스캔을 떠서 파일로 보내주셔서 더 자세히 볼 수 있었다.

연두, 보라, 민트, 파랑, 빨강의 나무 그림

쉬는 시간이 끝나고 다시 모였을 때 살구나무에 얽힌 이야기 하나를 해줬다. 어릴 적 우리 집은 과수원을 했는데 복숭아밭 옆 언덕에 커다란 살구나무가 하나 있었다. 아버지가 살구나무에 새끼줄로 그네를 만들어 매달아 주셨는데 학교 다녀오면 곧장 그네로 뛰어갔다. 앞산이 가까웠다 멀어졌다 하는 것이 여간 재미난 게 아니었다. 서서 타는 건 무서워서 늘 앉아서 탔다는데 어른들은 그넷줄을 잡을 때 손을 어깨보다 위로 하라셨다. 어느 날 그네를 타다가 갑자기 '왜 꼭 윗부분을 잡아야 하지?' 의문이 들었고 줄 잡고 있던 손을 엉덩이쯤으로 내려 봤다. 어떻게 됐을까? 아이들이 소리친다. 으악! 뒤집혀요! 그래, 홀라당 뒤집혀서 언덕을 굴렀어. 여러분들처럼 미리 알았다면 좋았을걸. 왜 어른들이 그렇게 말했는지 그제서야 알겠더라. 가끔은 실제로 해봐야 아는 게 있잖아.

세상에는 엄청나게 많은 나무들이 살고 있다. 종류도 다양하고. 수종사에 있는 500년 넘은 은행나무랑 원주의 어느 마을 키 큰 느릅나무를 사진으로 보았다. 500년 사는 사람은 없으니 어쩌면 저런 고목이 지구의 주인일 수도 있겠다. 느릅나무 선 자리에 도로를 냈는데 자르지 않고 나무를 중간에 두고 두 갈래로 길을 내었다. 세 번째 사진은 이름 모르는 큰 나무인데 주변 나무랑 달리 잎이 없다. 죽은 나무다. 나무도 씨앗에서 탄생해 살다가 죽는다. 그런 나무 중에 우리랑 가장 가까운 나무인 가로수를 더 알아보기로 한다.

　지난 시간에 로드뷰로 봤던 보육원에서 학교 가는 길에 있던 가로수를 떠올려 봤다. 느티나무, 은행나무 잘들 기억하고 있다. 화면공유로 멋진 가로수를 보면서 가로수가 있어서 좋은 점을 생각해 봤다. 산소도 만들어 주고 미세먼지 농도도 낮춰주고 그늘도 만들어 준단다. 도시를 덜 삭막하게, 아름답게 해주기도 한다. 다음은 심하게 가지치기를 해서 기둥처럼 서 있는 가로수를 보여 주었다. "아, 진짜 이상해요." 가로수 가지치기는 왜 할까 물어보니 예쁘라고 한다고 말한다. 사실 가장 예쁜 건 가만히 두는 거지만 좀 다듬어서 수형을 잡으려고 가지치기를 하는 경우도 있고 전선에 닿거나 간판을 가릴까 봐 자르기도 한다고 알려 줬다. 해야 한다면 보기 흉측하지 않게 잘하면 좋으련만 어떤 아파트의 벚나무는 몸통만 남기고 가지를 다 잘라냈다. 이번엔 전구로 감싼 가로수, 크리스마스 즈음 많이 보는 풍경이다. 사람들은 보기 좋을 수 있지만 나무 입장에서는 어떨까 생각해 봤다. 사람이 나무에게 받는 것은 많으면서 나무를 귀하게 여기지 않는다.

　조금 더 알아보기 위해 '가로수 가지치기' 검색을 같이 해보기로 했다.

가로수 돌보미 시민단을 꾸린다는 뉴스도 있고, 가지치기한 나뭇가지로 등산객의 지팡이를 만들었다는 뉴스도 보인다. 이미지만 보자고 해서 보니 정말 어이없게 가지치기를 한 가로수가 수두룩하게 나온다. 헐, 저것 봐! 너무하다. 오 마이 갓! 끔찍해요! 반응이 격하다. 만일 내가 가지치기하는 사람이라면 어떻게 하겠냐 물으니 보라가 대답한다. "그냥 뒀을 거 같아요. 적어도 저렇게 다 자르지는 않겠죠?" 빨강이가 더럭 단풍나무가 걱정되는지 '단풍나무 가지치기'를 검색해 달라 한다. "아, 가지치기 많이 안 한다." 빨강이가 안도한다. 단풍나무는 잎을 보기 위해 정원수로 많이 심어서인지 심하게 가지치기를 하지 않는다. 민트도 자기가 좋아하는 '사과나무 가지치기'를 보여 달란다. 과수원 사진이 줄줄이 나온다. 사과 농사짓는 친구에게 들은 말을 전해줬다. 가지치기를 전정이라고 하는데 그 친구 말로는 나무가 크게 자라지 않도록, 그리고 실한 사과를 얻기 위해 전정 작업을 하는데 그때는 팔이 떨어져 나가는 것 같다고. 그러니 우리가 먹는 사과도 다 그런 과정을 거쳐 우리에게 오는 거더라고.

"참, 떡갈고무나무에서 떡이 나왔어요?" 잊을 만하면 등장하는 떡갈고무나무. 떡은 아직 안 열렸고 겨울에 추웠는지 잎이 다 떨어졌는데 다시 새싹이 나고 있다고 소식을 전해준다. 떡이 열리면 맨 먼저 알려 주겠다고도 덧붙였다. 가만, 마지막 시간에 떡갈고무나무를 같이 심어볼까?

오늘 읽을 글은 글이라기보다 그림이다. <동물의 숲>이라는 제목의 나무 이야기. 큰 나무로 전기톱을 든 인부가 오고 나무를 자른다. 나무를 자르자 거기 살던 곤충이며 새들, 토끼랑 다람쥐가 떠난다. 다음 장을 넘겨보니 아파트 공사 현장. 나무를 베는 인부가 있고 피켓을 들고 시위하는 사람들이 있다. 그림을 넘겨 가며 이야기를 나누고 등장인물이 무슨 말을 하고 있을까 짐작해서 말풍선을 만들어 써넣어 보았다. 나무도, 개미도 할 말이 있을 거다. 공사를 하는 사람도 막는 사람도 역시 각자의 입장에서 할 말이 있을 거고.

아이들이 열중해서 말풍선을 그리고 말을 넣고 있을 때 우리 동네 뒷산 이야기를 들려줬다. 유수지를 만들겠다, 아파트를 짓겠다며 몇 차례나 나무를 베고 산을 깎으려는 시도가 있었다. 작은 동산이지만 천연기념물 솔부엉이도 살고, 딱따구리랑 파랑새도 산다. 동네 아이들의 놀이터도 되고 마을 사람들 산책로, 운동장도 되는 곳인데 산을 깎아 아파트를 지으면 허파를 떼 내는 거나 똑같고 특히 이 산이 집인 동물들은 살 곳이 없어진다. 기어이 한쪽은 건물이 들어섰지만 마을 사람들이 반대해서 일부는 막아냈다. 그런데 요새 또 구청에서 남은 산의 나무를 베고 있다. 아파트를 짓는 건 아니고 오래된 늙은 나무를 베고 새로 나무를 심는다는데 그걸 한꺼번에 하더라. 그러면 거기 사는 동물들에게는 큰 타격이 있다. 천천히 적응할 시간을 주어가며 나무를 바꿔 심자고 이야기하고 있다. 연두도 피켓 들고 시위를 할지도 모르겠다...고 하니 아이들이 안 쓰고 나만 보고 있다. 벌써 다 썼다고? 이런 재빠른 아이들 같으니라고!

피켓 든 사람들이 하는 말이 궁금했다. 보라, "공사를 하지 말아요.", 파랑이, "동물들이 살아야 해!", 민트, "아파트를 짓지 말자. 동물을 보존하자!" 빨강이가 생각지도 못한 말을 한다. "아파트를 만들어도 여기에 우린 못 들어오잖아요. 돈을 내야지만 들어갈 수 있으니까." 아, 뉴스를 본 걸까? 생태에 관련한 이야기를 하려는 내 의도에서 한 발 더 나간, 적확한 지적이다. 그렇지만 공사하는 인부도 할 말은 있다. "아파트를 만들어야 사람이 살 데가 있어요.", "출발!", "이렇게 멋지게 지을 거예요." 아이들이 다른 입장도 잘 생각해서 썼다.

"그래요, 인간은 자연을 이용하고 때론 파괴하며 살아왔고 앞으로도 그럴 거예요. 그럼 우리는 어떻게 살아야 할까요?" 내 질문에 책방 친구들이 그러게 말입니다, 하는 표정이다. 어쩌면 지난 시간 보라의 말에 해답이 있을 수도 있겠다며, 고마워하고 미안해하는 마음을 가지는 것이 시작일 수 있겠다고 했다. 두루두루 주변을 살피고 고민하며 내가 할 수 있는 일을 하며 살면 되지 않을까.

오늘 수업을 돌아보는 시간에 서로 먼저 이야기를 하겠다고 아우성이다. "오늘 태도가 가장 좋았던 사람부터 하면 어떨까요?"라고 말하자 빨강이가 갑자기 화면에서 멀어진다. "하하! 빨강이! 왜 뒤로 쑥 물러나죠? 오늘 무척 집중해서 잘했는데?" 빨강이가 씩 웃으며 자기가 마지막에 하겠다고 한다. 자신이 어떤지 모르는 어른들도 숱한데 이 아이, 자신의 모습을 거울로 비춰볼 줄 안다. 주변에 아이가 있는 어른은 분명 큰다. 나도 그렇다고 치자나무!

03
말이 씨가 되게

    지난주 빨강이가 말했던 <단풍나무> (서민서 작사, 서창원 작곡) 노래를 같이 듣는다. '단풍나무는 단풍나무는 가지 말라, 가지 말라고 손짓하는데 단풍잎은 단풍잎은 손을 흔들며 떠나갑니다'로 시작하는 서정적인 노래. 모두 조용히 듣는다. 빨강이가 찾던 것이 이 노래가 맞는 것 같기도 아닌 것 같기도 하단다. 이 노랫말은 12살 어린이가 쓴 것이라고 알려 주었다. 누구나 노랫말을 쓸 수 있고 연두가 쓴 글도 노래가 되었다고 말했다. 갑자기 관심이 거기 쏠리면서 그게 유튜브에 있으면 들어보자 한다. 이제 막 수업을 시작했으니 이따가 시간이 되면 H 삼촌이랑 의논을 해보겠다고 하고 흐름을 이어간다.

'태어나서 내가 가장 잘한 일은?'을 시작하는 이야기로 나누어 보았다. 보라가 청소하기라고 말하니 빨강이가 자기는 빨래도 한다고, 일곱 살 때도 했다고 말한다. 일곱 살이 어떻게 하냐 말이 오갔지만 나는 그런 책방 친구들이 퍽 자랑스럽다고 했다. 사는 데 가장 기본이 되는 살림을 익히지 못하는 사람도 많은데 여러분은 일찌감치 스스로 하고 있군요! 그랬더니 실내화도 빨 수 있단다. 그래, 옷 살림, 밥 살림, 집 살림 살아가는 데 중요한 일을 어릴 때부터 해보면 스스로 하는 능력이 생기겠다며 엄지척을 해준다.

지난 시간에 우리가 나눈 이야기를 떠올려 보고 풍자 그림 세 장을 보여준다. 첫째 그림은 허허벌판에서 한 사람이 나무 그림을 가리키고 있고 나머지 사람들은 나무 그루터기에 앉아 있는 그림. 무슨 뜻일까. "나무를 심자는 거 같아요." 보라가 의견을 말하고 이어 빨강이가 "저 사람은 '나무가 이 세상에 더 있을 거야', 다른 사람들은 '어디 있다는 거지' 이러는 거 같아요" 저마다 상상을 한다. 두 번째 그림은 나무와 사람이 마주 보고 있는데 둘 다 뒤에 무얼 감추고 있다. 민트에게 무얼 감추고 있냐 물었다. 나무는 사과를, 사람은 도끼를 감추고 있다고 잘 대답한다. 이 그림은 아이들이 작가의 의도를 빠르게 파악한다. 어떤 상황을 단적으로 보여 주는 그림을 한 장 더 보았다. 공장에서 매연이 나오고 나무 한 그루 없는 회색 도시, 한 아이가 나무를 심고 있다. 파랑이에게 어떤 상황인 거 같냐 물어보니 세상이 멸망했는데 나무를 보호해 주고 있다고 말한다. 나무가 없는 세상은 저렇게 멸망한 거 같겠구나, 환경을 돌보지 않으면 저리 삭막해지겠구나, 그 상황에서도 저 아이는 자신이 할 수 있는 일을 시작하고 있네, 우리도 우리가 할 수 있는 일이 분명 있겠다 하며 글을 하나 읽었다.

<나무를 심는 일부터 시작합니다>라는 글은 케냐의 황무지를 숲으로 일군, 왕가리 마타이가 자신의 이야기를 들려주듯 쓴 글이다. 시작은 혼자 했지만 그린벨트 운동이 되어 사람들과 함께 세상을 바꾼 이야기. 글밥이 좀 되어 처음으로 '소리 내어 읽기' 기능을 써 보았다. 리북 전자책(피치서가)은 책 읽어주는 기능이 있다! 아이들이 신기한지 숨죽이고 듣는다. 눈으로 읽고 귀로 듣고 나서 왕가리 마타이처럼 환경운동 한 사람을 아냐고 물었다. 모른다고 한다. 한 명은 알 텐데? 차례대로 힌트를 줬다. 시간 주제 탐구에서 읽은 글에 나온! 유엔에서 연설을 한! 금요일에 학교 안 가고 국회에 간 소녀! 그레타... "툰베리!" 오호, 보라가 기억을 해냈다. 한 사람이 시작한 행동이 운동이 되어 세상을 바꿀 수 있고, 대단한 사람이 아니라도 시작을 할 수 있다고 하며 쉬는 시간을 가지려는데...

연두가 쓴 노래를 듣겠다는 아이들. H와 잠깐 상의를 한다. <너>라는 노래는 416합창단이 부른 노래다, 아이들과 세월호 이야기해도 괜찮겠냐 물었더니 H가 흔쾌히 동의한다. 마침 내일이 416이니 계기 수업이 되었다. 아이들은 세월호 참사를 잘 모른다. 벌써 7년이 지났으니 책방 친구들이 2~4살 때 일어난 일이다. 잠깐 설명을 하고 <너>를 함께 들었다. '날마다 고마웠어. 매 순간 사랑했어' 후렴구를 따라 부르기도 하면서 노래를 듣는다. 다 듣고 나서 파랑이는 이남실 작사, 저 사람이 연두 샘이냐고 자꾸 물어본다. 세상 모든 것은 다 연결되어 있다, 너의 이야기도 나와 연결이 되어 있다, 누가 나의 이야기를 들어주면 좋듯이 다른 사람의 이야기에 귀를 기울이며 그렇게 살면 좋겠다고 했다.

"<말이 씨가 되다>는 안 읽어요?" 보라다. 아, 그건 짧은 글이니 쉬는 시간에 각자 읽어봅시다! 쉬는 시간이 끝나고 빨강이가 자기도 말이 씨가 된 적 있단다. 글을 읽고 자신과 연결 지어 생각하는 것이 반갑다.

"이 집이 무너질 거 같다고 했는데 진짜 무너졌어요."

"응? 집이 무너져? 혹시 지난번 화장실 고장 나서 방 옮긴 거 말하는 거예요?"

"네!"

"그래요, '나 잘 살 수 있어.'하고 말하는 사람하고 '난 망했어.' 하는 사람하고 누가 더 잘 살 확률이 높을까요?"

세상일이 다 말대로 되지는 않지만(그러면 오죽 좋을까) 말이 씨가 되는 경우가 꽤 있으니 말을 내뱉기 전에 어떤 영향을 미칠지 생각을 해보고 되도록 멋진 싹이 나는 말을 많이 하면 좋겠다고 당부한다.

요가에 '나무 자세'란 것이 있다니까 빨강이가 안다고 말하며 동시에 의자 위로 올라간다. 어찌나 빠른지 무슨 인형 튀어나오는 장난감인 줄! 아이쿠, 바닥으로 내려오세요. 같이 해 봅시다. 우선 이렇게 똑바로 섭니다. 그리고 나무가 뿌리를 내리듯 발바닥을 바닥에 딱 붙이고 똥꼬에 힘을 줍니다. 흐흐흐 그 말이 웃깁니까? 똥꼬 말고 항문이라고 할 걸 그랬나? 똥꼬에 힘을 주면 배꼽 아래에 힘이 모아지지요? 한 발을 다른 쪽 허벅지 안쪽에 올리고 손은 가슴 앞에 합장하거나 위로 올려 봅니다. 아이쿠, 빨강아, 넌 벽에 기댄 나무구나. 담쟁이인 줄! 연습 끝났으면 누가 오래 서 있나 해볼까요? 승부욕이 발동한 아이들, 양말까지 벗고 다리를 털며 스트레칭을 한다. 연두보다 오래 서 있어 보세요. 시작! 아니, 바람이 부나요? 휘청거리는 나무들이군요. 1분은 채워봅시다. 네네, 자리로 돌아오세요. 오호, 민트는 흔들리면서도 발을 계속 붙이고 있다. 얼마 못 가 무너졌지만 끝까지 해보려 했다는 게 중요하다. 민트의 새로운 모습이다.

좀 움직였으니 이제 <주머니를 들고 달리는 사람들>을 돌아가며 읽어본다. 플로깅이라는, 달리며 쓰레기를 줍는 놀이에 관한 이야기다. 환경보호와 운동을 한 번에 할 수 있어 요새 우리 동네에서도 시작한 사람들이 있다. 코로나만 아니었으면 이 글을 읽고 책방 아이들과 보육원 근처를 한 바퀴 돌며 플로깅을 해 봤을 텐데 몹시 아쉽다. 대신 '내가 할 수 있는 일 목록'을 작성해 봤다. 점점 나빠지는 지구 환경을 보호하는 일은 환경운동가만 할 수 있는 일도, 그들만 한다고 되는 일도 아니다, 나무를 비롯한 자연환경을 유지하거나 좋게 만들기 위해 내가 실천할 수 있는 일을 공책에 구체적으로 써 내려가 보자고 했다. 나도 코를 박고 목록을 써 본다. 그러다 고개를 들어 화면을 봤다. 연두보다 더 많이 쓰고 싶어서 번호 먼저 쭉 써둔 빨강이, 책상에 엎드려 묵묵히 써 내려가는 민트, '음... 내가 할 수 있는 일은? 또 뭐가 있지?' 혼잣말하며 골몰하는 보라, 보라 누나 공책을 힐끗힐끗 보는 파랑이. 이 아이들이 살아갈 세상이 지금보다 더 나빠지지 않았으면 좋겠다는 생각이 절절하게 든다.

시간을 원 없이 주고 싶지만 얼추 썼으니 돌아가며 하나씩 말해보기로 한다.

* 보라 : 전기를 아낀다!
* 연두 : 조금 더 구체적으로 말해볼래요?
* 보라 : 쓰지 않는 불은 끈다.
* 연두 : 좋아요. 연두도 '절전 멀티탭 쓰기'랑 '태양광 발전기 설치하기'를 썼는데 절전에 관한 거니까 같은 줄에 씁시다. 민트는요?
* 민트 : 책을 많이 본다.
* 연두 : 설명을 좀 해줄래요? 책을 많이 보는 것과 환경을 지키는 일과 어떤 연관이 있을까요?
* 민트 : 어... 모르겠어요.
* 연두 : 혹시 지식을 쌓아서 알게 되면 실천을 할 수 있으니까 그렇게 생각한 건가요?
* 민트 : 네!
* 연두 : 그러고 보니 민트 말이 일리가 있네요. 알아야 행동을 하지요. 우리가 나무 주제 탐구를 하고 나서 알게 된 게 있고 이렇게 실천해 보려고 목록을 쓰고 있으니까요. 그럼 파랑이는요?
* 파랑 : 나무 지키기요!

* 연두 : 나무를 지킨다는 건 어떤 행동을 말하나요?
* 파랑 : 나무 심기요. 나무 돌보기도요!
* 연두 : 좋아요. 빨강이는?
* 빨강 : 자전거 타기요.
* 연두 : 오, 나도 같은 걸 썼는데. 가까운 거리는 자전거를 타거나 걸으면 매연이 덜하겠네요. 또 발표해 볼 사람?
* 민트 : 쓰레기 잘 줍기!
* 연두 : 네, 플로깅도 이 옆에 써 줍시다.

그밖에 분리수거 잘하기, 종이 아껴 쓰기, 동물 죽이지 않기, 같은 이야기도 나왔다. 빨강이가 게임하기라고 말한 것은 논란이 되기도 했다. 빨강이는 동물의 숲 게임을 하면서 나무를 더 지킬 수 있는, 생각지도 못한 딴 방법이 있을 수도 있다고 주장했는데 흥미로웠다. 가끔 머리 식히며 딴짓하다가 좋은 아이디어가 생각나기도 하니까. 그렇지만 온라인게임은 역시 전기를 쓰는 거라며 반박이 만만찮다. 내가 쓴 것도 보탠다. 텀블러나 개인 컵, 손수건, 장바구니, 수저통 가지고 다니기. 가방에서 꺼내서 실물을 하나씩 보여주니 아이들이 더 관심을 가진다. 고기 안 먹거나 덜 먹기. 이것이 왜 환경과 직결된 문제인지도 설명한다. 옷 물려주고 물려받기, 샴푸 조금만 쓰기, 덜 사기, 가로수

가지치기 잘못한 거 보면 민원 넣기, 겨울에 실내 온도 낮추기, 환경단체 후원하기... 이렇게 나온 실천 목록을 합하니 22개나 된다.

다음 시간에 실천 목록 중 하나인 (나무는 아니지만) 모종을 심을 예정인데 빨강이가 입원 때문에 수업을 같이 못 한다. <전우치>도 오늘 읽고 나니 다음 주면 2권을 다 읽을 거 같은데 어쩐담? <전우치>는 다음 시간에 읽지 말고 빨강이가 돌아왔을 때 같이 끝을 맺자고 제안했다. 아이들이 몹시 아쉬워하면서도 입장을 바꾸어 보자니까 또 금세 수긍을 한다.

머리에 손을 얹고 셀프 충전. 서로 감사 인사로 마무리. 날마다 고맙다, 사랑한다 자신에게 얘기해줍시다, 말이 씨가 되게! 빨강아, 수술 잘될 거야. 걱정 말고 잘 다녀와. 기다릴게.

04 나무젓가락을 뿐지를 때

"연두 샘, 저 국어 96점이에요. 하나만 더 맞으면 100점인데!"

오자마자 보라가 뉴스를 들려준다. 평소보다 아주 잘 봤단다. 민트도 자기 점수를 말해줬는데 곁에 있던 H가 한마디 하신다. "50점 만점이지?" 한바탕 웃고 나서 민트에게 시험이 어려웠냐 물었더니 문제를 풀지 않고 찍는단다. 아는 것도 그냥 막 찍는다니 의아하다. 특별한 이유가 있냐 물어봤더니 "찍은 것도 몇 개는 맞아요."라며 해맑게 미소까지 짓는다. 나는 좀 알 것도 같다. 어차피 모르는 게 많으니까 다 찍어서 운명에 맡기는 편이 내 실력으로 푼 것보다 안심이 될 수도 있다. 그래도 시험을 보는 가장 큰 이유는 무엇을 알고 무엇을 모르는지 알아보는 거니까 다음번엔 아는 건 풀고 모르는 건 찍어보자 한다. 내일 사회시험은 그러기로!

빨강이 수술은 잘 됐다고 한다. 병원복 입은 모습을 사진으로 본 파랑이가 하나도 안 아픈 거 같다고 우리를 안심시킨다. 빨강이는 며칠 더 입원해야 한다니 다음 주에나 만날 것이다. 정말 하나도 안 아프게 잘 아물었으면 좋겠다. 소소한 생활 이야기는 '고마운 사람'으로 진행했다. 민트는 친구들이라 한다. 무엇이 고마운지 묻자 '그냥'이라고. '그냥 있는 것만으로도 고마운 거냐' 물으니 그렇다고 한다. 파랑이는 엄마라고 한다. 곧이어 아빠를 붙인다. 파랑이가 엄마 아빠가 잘 보살펴 줘서, 라고 이유를 말할 때 '헐'하는 보라의 탄식을 나는 들었다. 부모님은 나를 이 세상에 있게 해준 분들이니 곁에 있거나 없거나 고마운 분들이기는 하지. 보라는 새로운 걸 알려 주시는 선생님을 꼽았다. 우리도 특별히 뭘 잘해줘서가 아니라 있는 것만으로도 누군가에게는 고마운 사람이 될 수 있고, 연두에게 책방 친구들이 그렇다고 했다.

가족 이야기가 나왔으니 말인데, 보육원에는 원가족이 있는 아이들도 있고 아닌 아이들도 있다. 누구는 가난 때문에, 누구는 가정폭력을 피해, 누구는 가정 해체로 여기 보육원에서 살게 된다. 그런가 하면 베이비 박스(아이를 키울 수 없는 부모가 아기를 두고 갈 수 있도록 만들어진 상자)로 여기 온 아이들도 있다. 허술하고 상처 주는 가족이어도 가족이 있는 아이들이 베이비 박스 아이들보다 자아존중감이 높은 편이라는 이야기를 들은 적이 있다. 지긋지긋한 가족이라면 없는 편이 낫지 않을까 싶었는데 그건 아마 내가 어른이어서 하는 생각일 것이다. 어디엔가 기댈(기댈 수 없을지라도) 언덕이 있다고 생각하는 것만으로도 허공에 떠도는 기분은 안 들 수도 있겠다. 그런데 어쩌면 가족이 있는 게 '정상'이라는 사회적 분위기도 한몫하지 않을까 하는 생각도 든다. 가족이 있다는 게 자랑이 될 수 있는 분위기 말이다. 꼭 가족이 아니어도 튼튼하게 뿌리를 내릴 수 있다는 믿음을 어떻게 줄 수 있을까. 어머, 시작부터 샛길로 빠졌네.

"오늘은 4월 22일, 무슨 날인지 아는 사람! 맞아요, 지구의 날이에요." HAPPY EARTH DAY라고 쓰인 포스터 한 장을 보여주자 보라가 더듬더듬 영어를 읽어본다. 마침 지구의 날에 나무 마지막 시간을 장식하게 됐다. 화면에 시를 한 편 띄웠다.

나무젓가락을
둘로 포개면

뚝

나뭇가지 부러지는
소리가 나요

그 소리의 울림을
따라가면

쿵

한 그루 나무가 쓰러지는
소리가 들려요

-신이림 〈나무젓가락〉 (출처: 〈동시빵가게〉 10호)

민트가 먼저 해보겠다며 차분히 읽는다. 파랑이도, 보라도 낭송을 해보고 싶어 한다. 각자 느낌을 살려 또 읽는다. 마지막 문장이 이해가 되냐 물으니 보라가, 나무젓가락은 나무로 만드는 거니까 나무젓가락을 뽄지를(!) 때 나무 베는 게 생각나는 거라고 한다. 하산을 시킬까.

지난 시간에 작성한 '우리가 할 수 있는 일 목록' 중의 한 가지를 실천할 거고 그건 바로 바로… "딸기 심기요!" 아이들이 먼저 대답한다. 이미 책상에 신문지가 깔려있고 창문 옆에 딸기 모종도 보았단다. 탐정이 따로 없다. 떡갈고무나무면 좋았을 텐데 화분이 무거우면 밖에 내놓았다 들여놓았다 하기 어렵고 해서 H와 상의 끝에 딸기 모종을 택했다. 아이들도 좋아하니 다행이다. 내가 원격으로 모종 심는 법을 알려주고 아이들이 두 화분에 모종 네 개를 심었다. 심고 물주고 나서 이름도 붙어주었다. 책딸기. 뭔가 고상한 이름이다. 딸기가 크면 안경을 쓸 것만 같은. 하하! 돌보는 요령도 알려주고 양파 실험 이야기하며 딸기들에게 듣기 좋은 말을 하기로 한다. 엉망이 된 공간을 치우고 쉬었다. 이렇게 노동을 한 날엔 새참이 있어야 하는 건데 아쉽네.

쉬는 시간 끝나고는 옛날얘기 하나를 해 준다. 땔감이 모자라자 동네 청년들이 느티나무를 자르려 했는데, 할아버지가 말리며 자기네 사랑채를 부숴서 땔감으로 내어줬더니 이듬해 웬 총각이 찾아와 농사를 대신 지어주고 아픈 곳도 낫게 해줬다는 이야기다. 사람들은 이 총각이 느티나무 총각일 거라 여겼다. 다 읽고 나서 우리도 딸기 잘 보살피면 딸기 총각이 올 수도 있겠다 하니 아이들이 믿어주는 눈치다.

   오늘 읽을 글은 <몰래 놓고 간 나무>다. 게릴라 가드닝 이야기인데 술술 막힘없이 돌아가며 읽는다. 이번에도 민트가 먼저 읽겠다고 나섰는데 그러고 보니 빨강이가 없을 때 아이들 역동이 좀 달라진 것도 같다. 민트가 더 적극적으로 참여하고 말도 많이 한다. 파랑이도 빨강이를 따라 하지 않고 평온하다. 보라야 빨강이가 있거나 말거나 상관없는 듯하고. 그래도 빨강이가 있을 때 재미난 일들이 더 많이 생기긴 한다. 다음 주에 빨강이가 생생해져서 돌아오면 또 분위기가 어떻게 달라지는지 봐야겠다. 게릴라 가드닝은 쓰레기가 쌓인 더러운 곳에 몰래 화분을 가져다 두는 건데 그러면 이상하게도 쓰레기를 버리지 않는다. 왜 그럴까 이야기도 나누어 보고 게릴라 가드닝이 불법일까 아닐까 토론도 해봤다. 우리가 내린 결론은 이렇다. 남의 땅이라면 불법일 수도 있지만 그게 잘못은 아니다! 아이들도 한번 해보고 싶다고 한다. 본문에 나온 씨앗 폭탄도 만들어 던져보고도 싶고. 연두가 갔으면 같이 만들어 던져보는 건데 아쉽다고 하자 파랑이가 흙을 뭉치고 던지는 시늉을 한다. 보라랑 민트도 따라서 씨앗 폭탄을 만드는 동작을 하더니 하나, 둘, 셋! 동시에 던진다. 멀리도 던진다. 하하!

나무 마지막 시간이니 네 시간 동안 우리가 읽은 글들과 한 활동을 떠올려 봤다. 힌트를 주려고 화면에 H가 찍어서 벚꽃 필터로 장식해 주신 사진을 띄웠는데 자기들 얼굴이 나오니까 즐거워한다.

* 보라 : 빨강이다!
* 파랑 : 나는 웃고 있네.
* 민트 : 내 표정은 왜 저래? 손에 뭘 들고 있는 거지?
* 보라 : 벚꽃나무 이야기 읽었어요!

첫 시간에 읽은 시를 묻자, 민트가 은행나무라며 공책에 적어놓은 걸 찾아 읊는다. 내친김에 오늘 배운 나무젓가락도 한 번 더 읽는다. 민트는 시를 참 좋아하는구나.

생각나무요! 동물의 숲! 나무 노래도 그림으로 그렸어요! 말이 씨가 되다! 나무자세 했어요! 사진을 보며 지난 시간을 쭉 훑어보고 나무에게 편지를 쓰는 것으로 마무리를 한다. 파랑이는 사과나무에게, 보라와 민트는 벚꽃나무에게 짧지만 마음을 담은 편지를 썼다.

다음 주제를 맞혀보라며 힌트를 줬다.

* 연두 : 두 글자입니다.

* 파랑 : 라면?

* 연두 : 흐흐. 그러면 좋겠지만 초성이 ㅅ, ㅈ입니다.

* 파랑 : 소주!

* 연두 : 흐흐. 아닙니다.

* 파랑 : 사자!

* 민트 : ○○(보라의 이름)!

* 연두 : 하하! 우리 ○○이를 탐구해 볼까요?

* 보라 : 사전!

* 연두 : 다음 힌트를 드리겠어요. 모이는 곳, 사고파는 곳, 즐기는 곳!

* 보라 : 시장!!!

* 연두 : 딩동댕동! 다음 주제는 시장입니다. 우리 책방 수업 처음 주제가 시간이었지요? 이번에는 우리가 사는 공간, 터전을 샅샅이 탐구해 볼 거예요. 상황이 되면 시장 구경도 같이 가면 좋겠어요.

인사하고 헤어지면서 빨강이가 돌아오면 한동안 팔을 못 쓸 테니 옆에서 잘 챙겨주라 일렀다. 책딸기 심은 거랑 다음 주제 탐구 뭔지도 알려 주고. 의리를 지켜 전우치 마지막 장 안 읽은 것도 빼놓지 말고 말하고! HAPPY EARTH DAY!

7. 시장

01
시장에는 놀이터가 없네

한 주 건너뛰고 만난 빨강이, 깁스를 했지만 표정은 좋다. 오늘은 '시장' 첫 시간, 가보고 싶은 곳 먼저 이야기를 나눈다. 파랑이는 수영하러 바다에 가고 싶다 하고, 빨강이는 미국 박물관에, 보라는 우동 먹으러 일본 가보고 싶단다. 민트는 영 생각이 안 나는지 시간을 주어도 대답이 안 나올 거 같다. 그래서 누구 따라가 보라고 했더니 보라 따라 일본행을 택했다.

우리가 해온 주제 탐구의 주제들을 쭉 떠올려 봤다. 시간, 초콜릿, 쌀, 불, 점, 나무. 그리고 오늘부터 시장이다. 첫 주제였던 시간과 오늘부터 할 공간은 존재를 존재하게 해주는 것들이라고 말했는데 처음부터 빨강이가 딴지를 걸어온다.

"하늘나라는 시간과 공간이 필요 없어요!"

"오, 그렇구나. 영적인 영역은 제외하고 말이야. 오늘부터 시장을 중심으로 우리가 살아가는 터전, 장소를 탐구해 볼 거예요. 우선 받은 새 교재 <시장>호 표지를 봅시다."

"사람들이 빨리 움직이고 있네요." 보라가 말한다. 그러면서 우리나라 시장이 아니라 일본이나 중국 같단다. 무얼 보고 알았냐 하니 간판 글씨가 한글이 아니라고. 그냥 휙 지나갈 것도 세세히 보는 보라가 참 멋지다. 더 자세히 보면서 간판에 숨은 글씨도 찾아봤다.

세상에는 어떤 장소가 있을까 물었다. 가본, 혹은 아는 장소는 죄 써보기로 한다. 학교, 운동장부터 시작해서 문구점, 시장, 놀이터, 학원, 지하철역까지 술술 나온다. 보라가 특히 생각지도 못한 장소를 많이 댄다. 한강, 천문대, 버스정류장, 공원, 호텔... 인상적인 장소는 파랑이가 말한 ○○미용실(아마 이 미용실에 다니나 보다), 빨강이가 말한 '무덤'. 그렇지, 무덤도 중요한 장소겠다. 이어서 결혼식장과 장례식장도 나온다. 그러고 보니 중요한데 딱히 장소로 안 치는 곳이 또 있다. 길. 길은 장소와 장소를 연결하면서 또 그 자체로 사람에게 중요한 의미가 있다. "장소만 떠올려도 인간이 무엇을 하며 사는지 알 수 있겠네요. 어쩌면 '손으로 하는 것'보다 '발로 가는 곳'이 그 사람이 어떤 사람인지 더 잘 드러낼 수도 있겠어요." 아이들하고 이야기하다 보니 나도 새로운 발견을 하게 된다.

 이렇게 쭉 말해본 것을 나중에 세어보니 75개쯤 된다. 이것을 무엇을 하는 곳이냐에 따라 분류를 해보자고 했다. 아이들과 함께 사고파는 곳(상업시설), 구경하고 나들이하는 곳, 교육하는 곳, 일하는 곳, 사는 곳(주거시설), 교통시설, 기타 이렇게 일곱 가지로 나누어 보고 나서 우리가 말한 장소가 어디에 해당하는지 연결해 보았다. 그러면서 시장은 사고파는 곳이면서 구경하고 나들이하는 곳, 일하는 곳, 어떤 사람에게는 사는 곳까지도 될 수 있다는 것도 알아냈다. 이제, 시장에 대해 더 들어가 본다. 누가 있는 곳인지, 무엇을 하는 곳이고 왜 필요한 곳인지 하나하나 살펴본다.
 "시장의 종류는 저한테 물어보세요." 보라가 자신 있게 말한다. 그래, 시장의 종류는? 보라의 대답은… "여러 가지!" 으하하! 모두들 한바탕 웃는다. 그 여러 가지 시장을 오늘부터 탐구해 보자며 쉬는 시간을 가졌다.

<이름은 하나, 별명은 여러 개>는 남대문시장이 아바이시장, 양키시장, 도깨비시장이란 별명을 갖게 된 사연을 소개하고 있다. "제가 먼저 읽어도 될까요?" 파랑이가 짐짓 의젓한 말투로 묻는다. 내용을 파악하는 질문을 던져가며 함께 글을 읽었다. 책방 친구들은 별명이 있는지 물었더니 모두들 자기 별명은 말 안 하고 다른 사람의 이상한 별명만 이야기한다. 보라는 나무늘보, 빨강이는 부산거지(이건 스스로 말했는데 부산국제시장에 갔을 때 에피소드에서 붙은 별명이란다), 민트는 조용히쟁이. 파랑이가 자긴 별명이 없대서 연두가 책방 친구들을 혼자 부르는 별명이 있다고, 연두처럼 색깔 이름이라고 알려주었다. "저는 빨강하고 검정!" 빨강이가 외친다. 빨강이는 빨강이, 파랑이는 파랑이라고 알려주자 파랑이가 "앗싸!"를 외친다. 보라, 민트도 자기 별명을 짐작한다.

안도현 시인의 시 <없네>를 읽고 패러디 시를 써보기로 한다. <없네>는 '붕어빵엔 붕어 없고 새우깡엔 새우 없고... 쥐포 구이엔 쥐가 없네'라는 말놀이 시다. 보라가 읽다가 '칼국수엔 칼이 없고'에서 "칼국수에 칼이 있으면 어쩌라고?" 하면서 큭큭댄다. 이걸 '시장에는 ( ) 있고... 시장에는 ( ) 없네'로 끝나는 글을 공책에 쓰자면서 내가 먼저 써둔 '시장에는 생선이 있고, 시장에는 장난감 있고, 시장에는

사료도 있는데 시장에는 라떼가 없네' 예를 들려줬다. 머리를 박고 열심히 쓴 것을 발표했다. 아이들 글에서 시장에 있는 것은 과일, 옷, 떡집, 빵집, 파프리카, 브로콜리… 다양한 물건들과 가게들이고, 없는 것은 놀이터, 마트, 전주비빔밥, 공책이다. 다 자신에게 필요한 데 없는 것들이다. 시장에 놀이터가 있으면, 전주비빔밥까지 있으면 얼마나 좋을까.

아이들이 시를 적는 동안 나도 시 하나를 더 썼다. '시장에는 콩이 있고 시장에는 팥이 있고 시장에는 떡도 있고 시장에는 봉다리도 있는데 이제는 시장에 엄마가 없네' 엄마가 왜 없냐 물어서 어린 시절 이야기 한 토막을 들려줬다. 시골 살다가 서울로 올라온 직후에 연두 엄마가 시장에서 장사를 했다, 지금은 장사를 안 하시니까 엄마가 없다고 한 거다, 시골에서 농사지은 콩이랑 팥을 대야에 넣어 팔고 어떨 때는 큰 시장에서 떡을 떼다가 봉다리에 넣어서 팔았는데 아까 읽은 남대문시장 도깨비 상인들처럼 가게 없이 길에서 팔았기 때문에 단속의 대상이었다, 시장 약국 앞에 콩이랑 팥을 팔다가 단속반이 나오면 얼른 싸서 자리를 옮겨야 했는데 어느 날 친구랑 걷다가 단속원이 엄마 대야를 뒤집는 걸 봤다, 사방으로 흩어진 콩을 엄마가 줍는데 나는 모른 척 지나갔다, 그때는 엄마가 부끄러웠는데 다시 돌아간다면 엄마랑 같이 콩을 줍고 싶다, 고.

"아니 여러분, 왜 숙연해졌어요?" 중간에 한 번도 끼어들지 않고 이야기가 끝날 때까지 숨죽이며 내 이야기를 듣고 있다. 아무 말도 안 했지만 화면 가까이 얼굴을 가져다 대고 있는 아이들이 어린 나를 어루만져 주는 느낌이다.

자자, <전우치전> 마지막 장을 읽읍시다. 도술로 나쁜 사람을 혼내주고 가난하고 어려운 사람을 도와준 전우치, 강림도령에게 혼쭐이 나고 이번엔 서화담이라는 급이 다른 도사에게 된통 당한다. 도술보다 예절을 더 배워야 한다는 말에 서화담을 스승으로 모시고 길을 떠나는 전우치. 2권을 다 읽더니 3권은 없냐고 한다. 후속편을 써볼까, 처음에 제안한 대로 연극을 해볼까 의논을 해보았지만 만나지 않고는 어려운 일. 각자 더 궁리를 해보기로 하며 마친다.

실은, 수업 시작할 때 파랑이가 빅 뉴스를 알려줬다. 다다음 주에 퇴소를 한단다. 엄마가 이사를 하면서 파랑이를 다시 돌볼 수 있게 됐단다. 분명 기쁜 소식인데 아쉬움도 크다. "책방 수업하는 날만 오면 안 되나?" 했더니 웃는다. 다음 주가 마지막 수업이라니 벌써 마음이 휑하다.

02
파랑아, 행복하게 잘 지내

'선생님! 오늘 딸기 보니까 열리려고 하는 게 네 알 더 있어요!'

오전에 H가 이런 문자를 보내더니 수업 준비를 하며 아예 딸기 화분을 들고 와 보여주신다. 가끔은 책방 수업을 아이들보다 H가 더 좋아하는 것 같다. 다섯 번째 학생이랄까. 하하!

H가 보내 준 딸기 사진

그래서 고맙다. 어른의 태도는 아이들을 물들인다. 아이들이 뭘 모를 거라 생각하는 것은 정말 뭘 모르는 어른의 생각이다. 내 경험으로는 아이들은 훤히 알며 그냥 안다. 그리고 어른의 태도를 그대로 배운다. H의 호기심과 다정함이 아이들에게 고스란히 스며들 것이다. 덕분에 기분 좋게 수업을 시작한다.

파랑이가 먼저 왔다. 잠시 따로 이야기를 나누게 되어 다행이다. 곧이어 아이들이 들이닥친다. "보라야, 민트야, 빨강아, 어서 와!" 별명을 불렀더니 좋아한다. 딸기 봤냐 하니 우르르 갔다 온다. 어린이날 어찌 지냈는지 물어본다. 아침부터 저녁까지 온갖 게임에 맛난 먹을거리에 선물에 무척 행복했나 보다. 요새 어린이는 대접을 잘 받으니 따로 어린이날이 필요 없다고 하는 사람을 더러 봤다. 난 반대다. 여전히 어른들의 힘에 기죽어 지내는 어린이가 많고 심지어 해코지를 당하는 사건도 줄지어 일어난다. 어린이날을 '어린이 인권의 날'로 부르고 내 곁에 있는 어린이뿐 아니라 아프고 힘든 어린이를 둘러보는 날로 삼으면 좋겠다, 고 혼자 생각해 본다.

계획대로라면 오늘은 시장을 구경해야 하는 날. 코로나로 만나지도 못하니 그건 어렵겠다 싶어 시장 놀이라도 하려고 했더니 H가 다음 주로 미루면 그사이에 보육원 샘들과 상의해 보겠다 했고, 그래서 한 주 미뤘다. 3회기에 할 수업을 2회기인 오늘 한다. 오늘은 즐기는 곳으로서의 시장을 들여다본다.

먼저 요새는 뭘 하며 노는지 물어봤다. 빨강이야 처음이나 지금이나 한결같이 게임이다. 다른 것을 생각해 보라니 티비. 사람들하고 같이 노는 걸 생각해 보라니 게임 대결. 빨강이만 이럴까. 많은 아이들이 일찌감치 사람보다 기계와 더 가까이 지내겠지. 더구나 시절까지 이러니 골목에서 노는 아이들은 개울에서 가재 잡던 아이들처럼 전설이 되겠구나. 파랑이는 포켓몬 카드놀이를 꼽는다. 아마 컴퓨터게임이라고 하려다 노선을 바꾼 듯하다. 보라도 컴퓨터를 가장 많이 하지만 그림 그리기를 덧붙였고 민트는 학교놀이라고 말했다. 오, 여럿이 함께 사니 학교놀이 하기 딱 좋겠다. 아이들이 하는 학교놀이에서 선생님은 어떤 모습일지 사뭇 궁금하다.

<재미도 있고 맛도 좋고! 통인시장 엽전 도시락>을 읽기 전에 파랑이가 요새 읽기용 자 없이도 자기 차례를 모르거나 건너뛰어 읽는 경우가 거의 없다고 짚어준다. 노력한 파랑이에게 축하를 보낸다고. 그래서일까? 빨강이가 조금 더 자세를 가다듬고 글을 읽는다. 몇 번은

또 주의가 흐트러져 읽을 곳을 보라가 짚어줘야 했지만 지난 시간보다 확실히 더 노력한다.

시장을 돌아다니며 음식을 담아 도시락을 만들 수 있는 통인시장 이야기를 돌아가며 읽었다. 그리고 통인시장에 가서 엽전으로 음식을 산다면 뭘 사서 담을까 공책에 그림으로 그렸다. 빨강이는 오른팔을 못 쓰니 못 그리겠다 한다. 나도 왼손으로 그릴 테니 빨강이도 왼손으로 그려보라고 했지만 깁스는 핑계일 뿐 그저 하고 싶지 않은 것 같다. 그래, 이럴 때 농땡이를 피워보는 거지. 그림을 그리면서 연두네 동네 망원시장에도 음식을 사서 먹을 수 있는 카페가 있다고 알려 줬다. 망원시장이 인기가 많아지면서 일부러 시장 구경을 오는 관광객들이 있다고. 어, 그런데 보라는 자를 대고 도시락을 그리는구나? "전 반듯한 게 좋아요." 어머, 파랑이는 벌써 다 했나 봐. 민트는 손으로 가리고 그리는구나. 빨강이는 입으로 그리고. 어쩜 그림 하나 그리는 데도 이렇게 다 다른지. 그런데 도시락에 담은 5가지 품목은 엇비슷하다. 공통으로 고른 것은 피자. 보라의 네모반듯한 도시락 속 치즈스틱과 군만두가 그럴듯해서 군침이 돈다. 캡처하려고 모두 그림을 펼쳐서 화면에 대라 하니 머리를 들이미는 빨강이. "이 안에 다 들어있으니까 제 머리를 찍으시면 돼요."

우리는 시장에 물건을 사러 가기도 하지만 통인시장, 망원시장처럼 구경하고 즐기러 가기도 한다. 구경하고 싶은 시장이 있으면 앉은 자리에서 구경 가보자. 자, 어딜 가고 싶나? "망원시장이요!" 짠 듯이 모두 의견통일이다. 시장 안까지 속속들이 로드뷰가 되지는 않아도 시장 풍경을 쭉 볼 수 있다. 남대문시장, 부산국제시장도 가보고 다음은 미국시장. 빨강이 제안이다. 검색해 보니 로스엔젤레스 수산시장이 있다길래 가봤는데 노량진수산시장 같은 느낌은 아니다. '피쉬 마켓' 다음으로 태국 와로롯시장도 잠깐 구경하면서 나라마다 지역마다 시장에서 파는 물건이 다르다는 걸 알았다. 과일 종류도 다르고 먹는 간식거리도, 유행하는 패션도 다르다. 외국 여행 가면 시장을 꼭 가는 것이, 그 지역의 풍물을 한 자리에서 볼 수 있어서인가 보다.

이번에는 우리 마을 지도 그리기. 사는 곳 주변부터 자주 다니는 동선을 생각하며 길을 그리게 했다. 그리고 재미난 곳, 연두에게 소개해 주고 싶은 곳을 표시하자고 했다. 원래는 큰 도화지에 함께 그리려고 했는데 내가 멀리 떨어져 있기도 하고, 사람마다 마을이라고 생각하는 범위나 방향감각이 다르니까 각자 그려본다. 앗, 민트 스케일 좀 보소. 남대문시장이랑 통인시장도 그려 넣었다. 남대문시장이 어디 있는지 아느냐 물으니 저~~~기쯤 있을 거 같다고 한다. 학교랑 공원이랑 카페,

보육원 뒤에 있는 아파트도 그려 넣었다. 파랑이는 편의점같이 주로 뭐 사 먹는 곳을 표시했고, 빨강이는 역시 입으로 지도를 그린다.

"학교 갔다 오다 보면 강아지 있는 집이 있거든요. 제가 멍멍 그러면 강아지가 두 마리 나와요. 그리고 비밀장소도 있어요. 어딘지는 말해줄 수 없어요. 안 돼요. 비밀이라니까요. 뭐 하냐고요? 놀아요. 거기서 도마뱀을 기다려요. 나무에 붙어 있어요. 우리가 키우는 거예요."

빨강이는 자신에게 의미 있는 장소를 잘 떠올려 말한다. 비밀장소는 숲속에 있는데 도마뱀을 만난 뒤로 비밀기지로 삼았단다. 나무에 우산도 씌어놓아서 도마뱀이 비를 안 맞는다나? 아이들은 거기 가서 누가 훔쳐 가지 않게 도마뱀을 지키는 놀이를 한다. 궁금해 죽겠다는 표정으로 물어보니 더 이상은 비밀이라서 말해줄 수 없다면서도 이 정도의 정보를 나눠 줬다. 보라는 어라, 공원 하나만 크게 그렸다. '지도'를 그리자는 말보다 '연두에게 소개해 주고 싶은 곳'을 그리자는 의미로 받아들였나 보다. 발표하는데 주눅이 들어있다. "하나를 자세히 그려봐도 좋네요! 연두 집에 올 때 그 공원 앞 건널목을 지나 버스를 타는데 다음에는 공원에 들러봐야겠어요. 자, 그럼 이번에는 우리 마을에 있으면 좋겠다 싶은 곳을 그린 지도에다 추가해 봅시다. 보라처럼 공원을 그렸으면 솜사탕 파는 곳이라든지, 사진 찍어주는 곳을 그려 넣어도 좋겠네요."

'우리 동네에 ( )가 있으면 더 신날 텐데…' 하는 생각으로 아이들이 도시 계획을 해본다. 민트는 비즈 파는 가게랑 놀이동산, 빙수 가게, 파랑이는 국수 가게랑 게임기 파는 가게, 보라는 솜사탕이랑 아이스크림 파는 가게를 더 그려 넣는다. 빨강이는 더 필요한 장소는 없고 비밀기지를 지키는 CCTV를 달겠단다. 사람들이 오나 보려고.

말장난 퀴즈 <매일 지각하는 과일은 무엇일까요>를 휘리릭 읽고 이것과 같은 종류의 퀴즈를 몇 개 냈다. 물론 매일 지각하는 과일은 곶감이다.

* 연두 : 돈 모으는 것을 좋아하는 나무는? 첫 문제니까 힌트를 주지요. 학교 근처에 있는 가로수이기도 합니다.
* 보라 : 은행나무!
* 연두 : 딩동댕동! 이번에도 나무 문제입니다. 언제나 잘못을 하는 나무는?
* 파랑 : 힌트!
* 연두 : 흐흐. 잘못을 하고 나서 뭘 하죠?
* 민트 : 반성!

* 보라 : 반성나무!
* 연두 : 반성나무라니! 들도 보도 못한 나뭅니다. 미안해...와 상관이 있습니다.
* 민트 : 사과나무!

그다음은 장소와 관련된 말장난 퀴즈를 몇 개 냈다.
* 이상한 사람이 모이는 곳은?
* 세상에서 가장 큰 다이아몬드는 어디에 있을까?
* 발버둥 치는 사람만 있는 곳은?
* 못사는 사람이 많아야 잘 되는 가게는?

(정답은 순서대로 치과, 야구장, 수영장, 철물점)

<전우치> 다음 긴 호흡으로 읽을 책은 <어린 왕자>. 피치마켓에서 읽기 쉽게 쓴 그림책이다. <어린 왕자>는 장소를 지구에서 우주까지 확장할 수 있는 데다가, 다음 주제인 '별'에서 다룰 텍스트라 미리 전문을 읽어주려 한다. 보라가 학교 도서관에서 봤는데 다행히 읽지는 않았단다. 파랑이는 왠지 재미없을 거 같다고 시큰둥하다. 당분간 전우치를 능가할 책은 없을 거 같지만 심혈을 기울여 읽어 줬더니 화면 앞으로 바짝 다가와 그림을 본다. 양 그림을 그려준 데까지 읽었다. 다음 시간에는 장미랑 왕, 모자 쓴 사람 역할을 나누어 읽어보기로 했다.

수업 전에 파랑이에게 물어봤다. 기분이 어떠냐고.

"좋죠! 그런데 오늘이 마지막 수업이에요."

"아쉬워?"

"네. 아쉬워요."

"그래도 엄마한테 가니 좋지? 행복하게 잘 지내."

아이들이 들어오는 바람에 더 이야기를 못 나눴는데 수업 끝나고도 어영부영 나가 버렸다. 생각해 보면 무슨 축복의 말을 한들, 어떤 당부를 한들 그게 대수이랴 싶다. 그저 어디서든 파랑이답게 살기를!

03
여기가 거기예요

얼마 만인가! 아이들을 만났다. 현관에 서 있던 나를 발견하고 보라와 민트가 뛰어온다. 빨강이는 쑥스러운지 안기지는 않는다. 보라는 보자마자 국어 단원평가 본 이야기를 한다. 이번에는 너무 어이없게 틀린 문제가 많다고, 그게 자기 실력은 아니라고 강조한다. 왠지 들어본 말 같지만 더 잘하고 싶은 마음이 읽힌다. 옆에서 민트는 씩 웃기만 한다. 오랜만에 실물로 본 책방 친구들은 훌쩍 커 있다.

화단에 앉아 이야기를 나누고 출발하기로 했다. 화단에 화강암 큼직한 게 몇 개 있어서 앉기 딱 좋게 생겼는데 민트는 서 있겠단다.

흙이 묻을까 봐 그런다 해서 준비해 간 돗자리를 돌 위에 깔아줬더니 엉거주춤 앉는다.

오늘은 시장 주제 탐구 세 번째 시간이고 시장 나들이를 가기로 한 날. 파랑이가 없는 첫날이기도 하다. 동네에 있는 ○○시장에 가면 어떤 가게가 있나 이야기 먼저 나누었다. 신발을 사거나 뭐 사 먹은 적은 있다는데 시장을 자주 다니는 것 같지는 않다. 그도 그럴 것이, 아이들은 보통 직접 소비를 하지 않는 데다가 보육원에서는 개인적인 소비를 할 일이 거의 없기 때문이다.

사는 사람, 파는 사람이 만나는 곳이 시장인데 파는 사람은 물건이 어디서 나서 파는 걸까 이야기를 해본다. 그러다 1차, 2차, 3차 산업까지 이야기하게 됐다. 좀 어려울까 싶었는데 웬일인지 아이들이 흥미로워한다. 우리가 사 먹기로 한 꽈배기를 예로 들어 설명을 해보자 했더니 밀, 밀가루, 꽈배기로 간단하게 설명을 해낸다. 덧붙여 시장에서는 1, 2차 산업으로 생산된 상품을 그대로 팔 수도 있고, 다른 상품으로 만들어 팔 수도 있다는 것을 과일가게와 식당을 비교하며 설명했다. 시장에 가면 상인이 무엇을 파는지, 어떤 일을 하는지 자세히 살펴보자 당부하고 이후 일정 이야기하고 출발!

시장 가는 길에 지난 시간 그린 지도에 표시한 장소를 안내해 달라고 했다. 빨강이는 비밀기지는 절대 안 가겠다고 지레 방어막을 친다. 정말 거기가 좋은가 보다. 시장으로 내려가는 길에 보도블럭을 교체한 것을 두고 재미난 대화가 오갔다.

* 연두 : 보도를 새로 깔았나 봐요.
* 빨강 : 네. 어제어제 끝났어요.
* 연두 : 아, 어제 공사가 끝났구나.
* 빨강 : 아니요! 어제어제 끝났다니까요!

<u>흐흐흐</u>. 그저께라는 말을 가르쳐줬다.

"여기가 거기예요!" 아이들이 저기가 그 미용실이고, 여기는 그 편의점이고, 조기로 들어가면 친구 집이라며 안내를 해준다. 골목 사거리에 콩 파는 할머니를 지나쳐 몇 걸음 더 걷는데 빨강이가 친구의 할머니라고 알려 준다. "그런데 왜 인사를 안 했어?" 물어보니 자기를 모르신단다. "그래도 ○○이 친구라고 인사드리면 좋아하셨을 텐데..." 하니 쑥스럽다고 한다. 그 마음 내가 잘 알지.

시장 근처에 가니 조금 시끄러워지면서 시장 냄새가 난다. 아이들

눈길을 먼저 사로잡은 것은 우족이다. 나도 통째로 우족을 놓고 파는 푸줏간은 오랜만이다. 우족이 길 쪽으로 발을 뻗고 있는데 빨강이가 옆에서 자기 다리를 들어 보인다. 민트랑 보라가 큼지막한 칼로 고기 다듬는 아저씨 손놀림을 한참 바라본다. 조금 안으로 들어가니 양쪽으로 과일가게가 모여 있다. 이렇게 같은 종류의 상품 파는 가게가 모여 있는 게 좋을까 아닐까 물어보니 의견이 갈린다. 민트가 신발 산 가게와 보라가 외식했다는 식당이 나타났다. 시장통을 걸어가며 마늘 까는 분, 생선을 다듬는 분, 가마솥에 있는 국을 그릇에 떠담는 분, 전을 부치는 분 등 분주하게 일하는 사람들을 만났다. 이야기를 나누고 탐방을 해서인지 아이들이 더 유심히 바라본다. 우리가 인사를 하니까 양말 파는 아저씨가 빨강이 팔을 보시더니 어디 다쳤냐 물으신다. 빨강이는 다친 게 아니고 수술을 했다고, 무슨 수술이냐면… 하고 신이 났다. 빨강이는 저게 뭐냐며 앞서가거나 뱀장어를 보느라 뒤처지기도 했는데 상인분들이 어서 따라가라고 참견을 해주신다. 시장은 이런 곳이지 싶다.

꽈배기를 사서 보라가 그림 그렸던 공원을 갔다. 날이 좋다 못해 덥다. 오늘부터 '여름 1일'이라 해도 되겠다. 공원을 좀 둘러보다가 그늘에 자리를 폈다. 모두 앉았는데 민트가 또 서 있다. 어깨가 약간 위로 올라간 것이 잔뜩 긴장하고 있는 듯하다. 바닥에 기어다니는 개미를 보더니 소스라치게 놀라며 비명을 지른다.

꽈배기는 서서 먹었지만 이제 앉아서 수업을 좀 해야겠는데 어쩐담? 민트는 결국 내 무릎에 앉아 <안 쓰는 물건 어디에서 팔지?>를 읽었다. 작아진 옷을 벼룩시장에 내다 파는 이야기를, 나도 팔고 싶은 물건이 있는지, 잘 팔리게 하려면 어찌해야 할지 이야기 나눠가며 읽었다. 우리는 소비자이기도 하지만 판매자가 될 수도 있고, 어른이 되면 노동을 해서 무엇인가 생산하고 기여하는 일을 한다고 알려 줬다. 어른은 돈을 벌어 돈을 쓰는 사람, 또는 돈을 쓰려고 돈을 버는 사람일 수도 있겠다. 이어서 역할을 정해 읽기로 했던 <어린 왕자>를 읽었다. 어린 왕자 역을 맡은 민트는 오른쪽 무릎으로 옮겨 앉았다. 장미를 떠난 어린 왕자가 다른 별을 돌아다니며 왕, 모자 쓴 사람, 술꾼까지 만났을 때 오른쪽 다리가 저려왔다.

산책하자! 넓은 공원을 뛰어다니며, 바닥재를 금 삼아 사방치기도 하며 잘 논다. 쪼그리고 앉아서 꽃마리도 보고 엄청나게 큰 화살나무도 발견했다. 솔방울 두 개에 나뭇가지를 끼워 전화기를 만들어 주니 보라가 나에게 전화를 한다.

* 보라 : 여보세요?

* 연두 : 네, 연둡니다. 말씀하세요.

* 보라 : 뭐 말할 게 있나요?

* 연두 : 네? 전화 거신 분이 말씀을 하셔야죠.

* 보라 : <u>으흐흐흐흐!</u>

실컷 뛰어놀았다 싶었는데도 돌아갈 시간이 되자 아이들은 아쉬워한다. 쓰던 전화기를 나무에 걸어두고 공원을 나오는데 민트가 뜬금없는 고백을 한다.

* 민트 : 저 아까 시장 입구에서 우리 반 친구 만났어요.

* 연두 : 아, 그랬구나. 그래서 아는 척했어? 인사했어?

* 민트 : ……작게요.

바로 근처에 있는 나도 못 들었는데 친구가 들었을까? 민트의 수줍은 인사를 그 친구가 알아주기를!

아이들이 내가 타고 갈 버스를 기다려 주겠다고 했는데 버스가 바로 왔다. 창밖으로 손을 흔든다. 아이들도 손을 흔든다. 버스가 신호대기를 하며 서 있는데 아이들이 건널목을 지나가며 계속 손을 흔든다.

아이들이 큰 도로를 다 지나갈 때까지 나도 버스 앞창 가까이에서 손을 흔든다. 저 아이들과 만났다는 것은 지구 안에서도 근처에 태어났으니 생긴 일이고 무수한 우연이 빚어낸 신기한 일이다. 왠지 이 순간이 오래 기억에 남을 것 같아 사진을 찍어뒀다. 버스가 출발하고 뒤를 돌아보니 승객들이 모두 나를 쳐다보고 있다. 네, 제가 저 어여쁜 아이들과 책방 수업을 한답니다. 하하!

04
내가 살고 싶은 세상

　반팔을 며칠 입다가 니트를 꺼내입었다. 여름인가 싶다가 도로 봄이다. 비가 잦고 기온이 낮다. 때맞춰 오는 비가 농사에는 좋겠고 서늘한 봄밤이 산책하기에도 좋지마는 날씨가 예년 같지 않은 것은 찜찜하다. 하기사 또 봄이 점점 짧아진다고 탄식하던 것을 생각하니 이래도 탈, 저래도 탈, 날씨는 퍽 난감하겠다 싶다.

　약속보다 10분 더 빨리 화상회의 창을 열었는데 H가 곧장 접속하신다. 스피커와 화면을 확인하고도 아직 시간이 많이 남아서 두런두런 이야기를 나눈다. 날씨 이야기에 이어 엄마한테 간 파랑이 이야기,

코로나 이야기, 책방 수업 이야기. 처음 온라인수업했을 때는 학교에서 하는 것처럼 얌전히 듣기만 하더니 이제 적응을 했는지 아이들이 편하게 이야기를 잘하는 것 같다 하신다. 아이들 달라진 점을 물으니 읽기와 쓰기가 좋아졌는데 특히 부담이 없어지고 즐기는 것 같다신다. 더 구체적으로 말하고 쓰게 되었고 자신감도 생긴 듯하다고. 반가운 피드백이다. 다시 또 한다면 고학년 아이들도 했으면 좋겠다는 의견도 주신다.

책방 수업은 나 혼자 기획하고 진행하는 수업이 아니다. 누구나 읽기 쉬운 책을 만드는 피치마켓 교육팀과 함께 기획, 진행, 평가한다. 주제마다 핵심 개념에 맞춰 텍스트를 선정하고 회기별 수업안을 짜는 회의를 계속해 나간다. 서로의 수업을 참관하고 피드백을 주면서 교육과정을 다듬어 간다. 애초에 이 수업은 본격적으로 학습을 시작하는, 이런저런 이유로 학습에 어려움을 가진 초등 저학년 학생들을 대상으로 기획한 것이지만 고학년이나 성인 교육까지도 가능하지 않을까 싶다. 누구라도 한 가지의 주제를 여러 각도로 탐구하면 자신과 세계에 호기심이 생기고 인식의 폭도 넓어질 수 있는 것을, 만나는 아이들이 보여주고 있다.

그 아이들이 왔다. 표정이 좋다. 오늘이 시장 마지막 시간이라 알려주니까 다음 주제를 묻는다. 어린 왕자와 관계가 있다고 힌트를 주니 동화! 사랑! 믿음! 만남! 이라고 외친다. 다시 힌트가 나간다. "한 글자입니다." 책! 신! 왕! 뱀! 꽃! 오, 어린 왕자와 연관된 한 글자가 꽤 많군. 그렇지만 정답은 아니다. 빨강이가 외친다. "별!!" 딩동댕동! 별 다음은 거울. 이렇게 두 가지 주제만 남겨놓고 있다고 하자, 그다음엔 뭐냐고 한다.

"그게 끝이라니까요."

"왜요?"

"이어서 더 하고 싶다는 말인가요?"

"네!"

"두 달 정도 남았으니 하루하루 잘해 봅시다!"

이제 파랑이가 없으니 시작 노래에 빨강이가 들어오면 좋겠다고 제안했는데 역시나 빨강이는 아직 그럴 생각이 없다. 예쁘다는 말 때문이냐 물으니 꼭 그런 건 아니란다. 책방 친구들 다 있는데 빨강이가 안 들어온다니 섭섭하지만 그렇다고 억지로 하라고 하고 싶진 않다, 했다. 그 말이 먹힌 걸까. 그럼 맨 마지막 시간에 들어오겠단다. 그건 너무 짧으니 마지막 주제 거울 네 시간을 제안했더니 넙죽 받는다.

아이들이 웃는다.

  먼저 시골이 좋은지, 도시가 좋은지 이야기를 나누었다. 보라와 민트는 도시, 빨강이와 나는 시골이다. 보라는 건물이 많아 갈 데가 많다고, 민트는 벌레가 더 적어서 도시가 좋단다. 빨강이는 숲이 있어서 놀 수 있고 사슴벌레 같은 것도 있어서 시골이 좋다 한다. 난 시골서 태어나고 자라서 그곳이 편하고 속도가 느려서 좋다고 했다. 옆에 있던 H에게도 물어보니 그 중간쯤인 읍내를 선택하신다. 장소는 시골, 장비는 도시면 좋겠다고. 하하!

  <모두 함께 갈 수 있는 중국집>을 돌아가며 읽는다. 친구 셋이 채팅으로 함께 갈 중국집을 찾는 이야기인데 휠체어를 타는 지수와 저시력 시각장애인인 민기가 등장한다. 검색한 여러 중국집 중에 계단이 있는 곳을 피하고 지하철로 갈 수 있는 곳을 고른다. 글을 읽고서 두 개의 버스 사진을 보여줬다. 차이점을 찾아보라니까 빨강이가 색깔이 다르다, 민트는 찍은 방향이 다르다고 한다. 이 사진을 왜 보여줄까를 생각해 보라고 하니 눈치 빠른 보라가 하나는 계단이 있고 하나는 평평하다고 한다. 저상버스에 대해 설명해주고 휠체어를 탄 사람이 버스를 타는 장면을 보여준다. 이것도 두 개의 사진인데

하나는 여러 명이 휠체어를 들어 올리는 장면, 하나는 저상버스의 경사로로 버스에 타는 장면. 서울은 50% 정도로 저상버스가 보급되었는데 거저 된 것이 아니라 장애인들이 오랫동안 요구하고 싸워서 된 것이라고, 지하철의 엘리베이터도 그렇다고, 지금도 장애인들이 이동할 권리를 위해 싸우고 있다고 알려 줬다. 그런 투쟁을 할 때 불편하다고 화를 내는 사람도 있었지만 결국 그 싸움 덕분에 많은 사람들이 더 편리해졌다고 알려 줬다. 저상버스, 경사로, 엘리베이터를 장애인뿐 아니라 어르신, 유아차 탄 아기들, 어린이, 무거운 짐 든 사람들도 함께 이용할 수 있게 되었다고. 아이들이 아주 진지하게 듣는다.

내친김에 지체 장애를 가진 연두 선배 이야기를 해줬다. 우리 동네에서 만나 밥을 같이 먹으려고 미리 식당을 찾아봤는데 정말 갈 데가 없었다. 1층이어도 턱이 있는 곳이 많고 휠체어가 들어갈 수 있는 데라도 자리가 좁아 의자를 빼고 휠체어가 들어갈 수가 없었다. 우리는 가고 싶은 곳을 마음껏 갈 수 있다. 적어도 장애물 때문에 가지 못하지는 않는다. 그런데 많은 곳이 장애인을 고려하지 않기 때문에 글에서 읽은 것처럼, 또 연두 선배처럼 선택의 폭이 줄어든다. 이제는 다니면서 살펴보기로 했다. 나는 상관없지만 어떤 사람들에게도 상관없이 갈 수 있는 곳인지 아닌지. 이렇게 모두가 이용할 수 있는 공간이 늘어나면 좋겠다며 이제 우리 주변이 어떻게 바뀌면 좋을지 이야기를 나누고 글을 써 보기로 했다. 이야기 나눌 때 보라가 물건이나 음식을 나누어주면 좋겠다고 말해서 공유냉장고가 떠올랐다. 인터넷으로 검색해서 수원의 어떤 마을이 공유냉장고를 어떻게 이용하고 있는지 영상으로 보기도 했다.

실컷 이야기를 나누고 나서 '내가 살고 싶은 세상'이란 제목으로 글을 썼다.

나는 착한 사람들이 차별을 하지 않으면 너무나 좋다.
식당에 가면 메뉴판이 그림이나 사진이 있으면 좋다.
'자동차 사용을 줄이자'라고 말했을 것 같다.
나무를 심으면 좋은 점이 있다. 그늘도 있고 쉴 수도 있다.
그렇게 환경이 나아질 수 있다.
그럼 만약에 사람들이 나무를 100개 심으면 어떻게 될까.
그렇다면 자연이 좋아지고 사람들이 살아갈 수 있을 것 같다.

보라의 글이다. 빨강이는 아픈 팔을 내세워 빠져나가려 했지만 황공하게도 '나는 우리 동네에 놀숲, 미로가 있음 좋겠어'라고 써주셨다. 민트는 '나는 ~~~ 세상에 살고 싶다'라는 문장을 12개 썼다. 온라인수업이 아니라면 민트가 쓸 때 슬며시 이 중 한 가지를 골라 자세히 써 보자거나 시 형식으로 써보자 했을 텐데 다 쓰고 나서 보았다. 그래도 민트가 원하는 세상을 원 없이 쭉 쓴 것도 좋다.

나는 깨끗한 세상에 살고 싶다
나는 쓰레기를 막 버리지 않는 세상에 살고 싶다
나는 싸움이 없는 세상에 살고 싶다
나는 시장이 많이 있는 세상에 살고 싶다
나는 빙수 가게가 많이 있는 세상에 살고 싶다
나는 커피 카페가 많이 있는 세상에 살고 싶다
나는 비즈 가게가 많이 있는 세상에 살고 싶다
……
나는 보드게임이 많이 있는 세상에 살고 싶다

<아름다운 세상>(박학기 작사, 작곡) 노래를 듣고 함께 따라 부르며 익혔다. 여러 번 반복해 불러야 하기 때문에 수어 버전, 반주

버전으로도 들어봤다. 잘 안 부를 수도 있겠다 예상했는데 웬걸. 아이들이 진심으로 외치듯 노래를 한다. "우리 함께 만들어 가요, 아름다운 세상!"

노래하고 나서 시장 수업들을 돌아보는 시간을 가졌다. 우리가 어떤 것들을 했고 무엇을 배웠는지 리뷰하는 것은 수업 자체만큼이나 중요하다. 한 꼭지 끝날 때마다, 매시간 끝날 때마다, 한 주제가 끝날 때마다 짧게라도 맺음을 잘해두면 그냥 날아가지 않고 차곡차곡 쌓인다.

긴 호흡으로 읽는 <어린 왕자>를 펼치자 아이들이 화면 앞으로 바짝 다가온다. 다른 장미들을 만난 어린 왕자가 엉엉 우는 장면에서 책을 덮자 조금만 더 읽자고 한다. <전우치> 아니면 쳐다도 보지 않을 것 같던 빨강이가 <전우치>를 아예 잊은 것 같다. 어린 왕자처럼 자신이 앞으로 만나게 될 세계도 무궁무진 펼쳐져 있다는 걸 과연 이 아이들이 알까?

8. 별

01
지구가 사라지면 어떡해요?

나는 운 좋게도 꽝꽝 깊은 산골에서 나고 자랐다. 여름밤이면 멍석을 깔고 은하수를 볼 수 있었고 '저 별은 저기 있고 나는 여기 있구나!' 하고 새삼 나를 또렷이 느끼기도 했다. 별 첫 시간, 아이들에게 별을 본 적이 있는지, 얼마나 많은 별을 봤는지 물었더니 두 개, 다섯 개쯤이라는 대답이 돌아온다. 도시에서는 많은 것을 누릴 수도 있지만, 또 많은 것을 알지 못하고 살 수도 있다. 내가 본 하늘을 같이 보고 싶다.

별 하면 떠오르는 것을 모두 적어 별 생각그물을 만들었다. 별자리, 은하수, 우주, 별표, 토끼, 별똥별, 태양, 달… 막힐 때면 슬쩍 별과 관련된 노래는 없을까, 행성 이름 아는 게 있나, 별 모양을 닮은 물건은 무엇이며, 별에 가려면 필요한 게 있을까 질문을 던진다. 화성, 금성이 나온 김에 태양계의 행성 순서도 알아보았다. 수, 금, 지, 화, 목, 토, 천, 해, 그리고 한때는 명왕성까지 9개의 행성이 있었는데 명왕성은 왜소행성이라 뺐다고 말해줬다. 역시 아이들이 너무한다고 한다. 내 말이! 명왕성이 어느 행성의 위성도 아닌데 퇴출이 된 건, 명왕성 입장에서 보면 사람들 맘대로 행성으로 쳤다가 뺐다가 한 것이니 어이없겠다.

그러나저러나 생각그물에 행성들 이름이 우수수 보태졌는데 빨강이가 은성을 외친다. 은성? 분명히 봤다며 하도 단호하게 말해서 검색해 봤다! 메달 종류나 기차의 고급 승객을 나타내는 말 말고는 찾을 수 없다. 더 물어보니 분명히 있다고, 금성도 있으니 은성도 있다고 한다. 빨강아, 네가 나중에 새로운 별을 발견하게 되면 꼭 은성이라고 이름 붙이렴.

그렇게 모은 단어들을 분류해 본다. 아이들이 말할 때 대충 비슷한 것들끼리 위치를 모아 써놓았다. 근처에 있는 단어들을 한 묶음으로 할 때 중심가지에 무엇이라 쓸지 같이 상의했다. 우주, 사람, 예술 세

가지로 분류해 놓고 아이들이 만족한다.

<태어나고 죽는 별 이야기>를 함께 읽으며 별을 탐색해 나간다. 별의 탄생 과정, 온도에 따른 별의 색깔, 별의 소멸에 관한 내용이다. 별도 생명체처럼 태어났다가 오랜 시간이 지나면 커지기도 작아지기도 사라지기도 한다는 내용을 읽더니 문득 빨강이가 걱정이 되나 보다.

"연두! 지구가 점점 작아지다가 사라지면 어떡해요?"

엄밀히 말하면 지구는 스스로 빛을 내는 별은 아니며, 태양계의 별은 태양밖에 없다고, 그 태양 덕에 지구에 생명체가 사는 것인데 태양이 부풀어 올라 지구가 뜨거워져도 영향을 미치는 때는 7억 년 뒤니까 걱정하지 않아도 된다고 안심시켜 줬다. 태양 때문에 지구의 운명이 결정되기보다 지구에 사는 사람이 지구를 망치지 않는 게 더 시급한 일이라는 것도 일러주고.

태양계가 속한 우리은하가 얼마나 넓은지, 그런 우리은하도 전 우주에서는 해변의 모래알 같다는 것, 인간은 아직도 우주를 다 알지 못하며 여전히 연구 중이라는 이야기로 이어졌다. 외계 생명체가 있을 것인가에 대해서는 빨강이가 확신을 한다.

"존재해요! 본 것 같아요."

듣는 아이들 반응도 재미있다. 민트는 웃고 보라는 입을 딱 벌린다.

스텔라리움이라는 웹사이트(stellarium.org)를 열어 우리가 있는 위치에서 별들을 보기로 한다. 보고 싶은 행성 이름을 쳐서 모양을 살펴보았다. '토성은 진짜 꼬리가 있구나, 목성이 정말 큰 것 같다.' 아이들이 눈을 동그랗게 뜨고 우주를 탐색한다. 먼지나 가스가 모여 구름 모양으로 보이는 성운도 몇 개 찾아본다. 말머리성운은 가까이 봤을 때는 모르겠더니 점점 멀어지니까 정말 말 머리처럼 보인다. 하트성운과 그 옆에 있는 태아성운도 신기하다.

<나의 별자리는 무엇일까?>를 읽고 나서는 각자의 생일에 해당하는 별자리를 알아본다. 교재의 내용처럼 재미로 별자리 성격을 찾아봤는데 모든 성격 유형론이 그렇듯 너무나 딱 맞다며 아이들이 놀란다. 보라의 물고기자리 성격 해설은 이렇다. '성격이 관대하고 좋으나 물의 성질을 지녔기 때문에 감성적이고 소극적입니다...' 민트는 염소자리, '말수가 적으며 무뚝뚝하고 사람들과 잘 어울리지 못합니다. 굉장히 현실적인 면이 강하고 외유내강의 의미가 강한 성격입니다...' 외유내강 뜻을 말해줬더니 맞는 것 같단다. 빨강이와 나는 같은 전갈자리인데 읽자마자 아이들이 크게 웃는다. '복수심이 강하고 뒤끝이 강하다고

합니다. 평상시에는 감수성이 깊고 온유하나 한번 화가 나면 무섭게 변합니다...' 하하하! 승리욕, 자존심, 목표, 뚝심 같은 말들이 전갈자리를 설명하는 단어다. 빨강이 눈치를 보니 인정하고 싶진 않은데 속으로는 끄덕거리는 듯하다. 나도 그렇다.

퀴즈를 풀면서 우주에 대해 더 탐색해 보기로 한다. 알쏭달쏭 우주 퀴즈 첫 번째 문제는 '달에는 토끼가 살까?'이다. 하얀 쪽배인 달에 계수나무 한 나무, 토끼 한 마리가 산다는 노래도 있으니 산다, 아니 그건 상상이고 공기가 없어서 못 산다, 공방이 오가다 우리가 내린 결론은 상상 속에선 살고 실제로는 안 산다! 두 번째 문제는 가장 뜨거운 별 찾기. 아까 읽었던 데를 찾아보면서 파란 별을 잘 고른다. 세 번째 문제는 '지구는 태양 주위를 며칠에 한 번씩 돌까요?'였는데 처음엔 일주일이라고 하다가 마침내 365일이라고 답을 찾아낸다. 마지막 문제는 '우주에서 물을 흘리면 어떻게 될까?'이다. 묻는 걸 보니 물이 지구에서처럼 아래로 흘러내리진 않을 것 같고, 그렇다고 위로 솟을 거 같지도 않으니 그냥 가만히 있다고 한다. 그래서 우주인이 우주선 안에서 수건에 물을 묻혀 짜는 동영상을 같이 봤다. "헐! 둥둥 떠다녀, 손을 뒤덮었다!"하며 신기해한다.

아이들이 <전우치> 다음으로 좋아하게 된 책 <어린 왕자>, 오늘은 드디어 여우를 만난다. 함께한 시간이 있다는 것, 그것은 보이지 않는 것이며 보이지 않는 것이 중요하다는 것, 길들인다는 것, 책임진다는 것 등을 이야기하는 대목이다. 이 책의 절정 부분이라 해도 좋을, 친구란 관계란 무엇인지에 관한 내용이다. 조금 어려울까 싶기도 하지만 사뭇 진지하게 읽는다.

오늘 수업을 돌아보며 새롭게 생각하게 된 점을 나누고 다시 한 번 말했다. "지구는 우리가 살아가는 동안에는 사라지지 않으니 걱정하지 말아요. 빨강이 오케이? 우리도 서로에게 별이고 행성인 걸 알아요? 누군가에게 빛을 받고 주위를 맴돌아요. 충돌하지 않게 존중하면서 서로의 아름다움을 알아주는 사이가 되면 좋겠어요." 너무 선생 같은 말이었나 싶었는데 아이들이 여느 때보다 더 차분하게 자기 머리를 쓰다듬으며 격려를 한다. 고맙다 인사하고 나의 별들이 문밖으로 나간다.

02
피파라스, 파타고라스, 피타가라스

별 두 번째 시간, 지난 시간에 우리가 무얼 했는지 기억나냐고 물었더니 조용하다. 나도 이해한다. 이렇게 훅 질문을 받으면 하나도 생각이 안 난다. 별 하면 떠오르는 거 다 쓰고 분류했다고 하면 '아, 별 생각그물!', 무엇으로 성격을 알아봤더라 하면 '아, 별자리!' 이런 식으로 기억을 떠올리게 멍석을 깔아줘야 한다. 기억을 더듬어보며 오늘은 인간이 별을 탐구해온 이야기를 다룰 거라 알려준다.

별을 먼저 그려본다. 선을 겹치지 않게 그리기도 하고 다섯 개의 선을 겹쳐 한 번에 이어 그리기도 한다. <별을 뾰족한 모양으로 그리는

이유>를 읽기 전에 진짜 별은 별 모양이 아닌데 왜 뾰족하게 그렸을까 물어본다. 또 답이 없다. 혹시 빛나는 걸 표현하려고 그랬나?

"아닌 것 같은데. 아, 알겠어요! 더 기억하기 위해서 뾰족하게 그렸어요. 왜인 줄 아세요? 여기 써 있어요." 책을 뒤적이며 빨강이가 자신 있게 말한다. 본문에 이렇게 써 있다. '사람들은 중요하거나 기억하고 싶은 내용에 별을 그립니다.' 흐흐흐. 뭔가 찾아 읽긴 했는데 질문을 잊은 게 분명하다. 다시, 별을 왜 뾰족하게 그렸을까를 물은 거다, 하니 또 그 뒷장을 넘겨본다. 빨강이 의욕이 오늘도 찰랑찰랑하다. 자, 자, 같이 읽어봅시다.

다 읽고 나서 피타고라스가 오각형 안에 선을 그렸고 이것이 황금비율이라는 걸 알게 되면서 완벽하고 아름다운 이 모양을 별 모양으로 만들었다는 건 쉽게 이해를 했다. 그런데 문제는 피타고라스! 빨강이가 피파라스, 파타고라스, 피타가라스 이름을 마구 바꾸어 읽는다. 피타고라스만 안 읽히는 게 아니라 이렇게 낯선 단어가 나오면 문장에 있는 다른 단어들도 덩달아 잘못 읽는다. 그래, 외국 사람 이름은 어렵지. 게다가 피타고라스는 처음이지? 피타고라스! 세 번을 따라 말하게 하고 나서야 피타고라스가 이름을 되찾았다.

책에 별을 다양하게 그리는 방법이 나와 있어서 따라 그린 다음, 색종이로 별을 접어 보았다. 미리 접은 별을 보여주자 색종이 한 장으로 어떻게 접나 의아한 표정이다. 화상으로 따라 할 수 있을까 조금 걱정이 됐는데 아니나 달라, 민트가 세모 접기 두 번을 하고는 포기한다. H가 옆에서 도와주신다. 보라랑 빨강이는 옆에서 서로 봐주면서 잘 따라온다. 이번엔 고무밴드로 별을 만들어 본다. 빨강이가 자기 할 줄 안다고, 쌍별도 만들 줄 안다고 아주 신이 났다. 빨강이에게 우리를 가르쳐 달라, 모르니까 잘 설명을 해달라 요청했다. "먼저 이 두 손가락에 끼워요. 이걸 당겨서 이렇게 돌린 다음 여기다 끼워요. 아니, 돌려야 돼요." 제법 의젓하고 참을성 있게 알려 준다. 이번에도 민트가 하다가 만다. 빨강이에게 민트를 좀 봐 달라고 하니 얼른 자리를 옮겨 이어 할 수 있게 도와준다. 역시 가르치는 것, 기여하는 것보다 좋은 배움이 없다.

갑자기 한 아이가 떠오른다. 읽기에 어려움이 있는 아이가 있었는데 관계도 평탄하지 않았다. 친구들에게 험한 말을 했고 수업 중 방해 행동이 잦았다. 유심히 관찰하며 그런 행동의 이유를 찾아보고 교사들이 머리를 맞대고 해결책을 찾았다. 무언가 해내는 경험, 인정받을 수 있는 것으로 중정 모래밭 청소를 제안했다. 처음엔 시큰둥했으나 그 일의 의미를 알려주니 슬슬 하기 시작했고 이내 재미를 붙여 능숙하게 잘 해냈다. 아이들이 놀잇감 정리를 안 하니까 답답한지 안내문을 써서 붙이자고 하길래, 그럼 글씨를 배워 쓰라고 했다. 자신의 힘으로 기여를 하고 좋은 피드백을 받으면서 아이가 사뭇 달라졌다. 글씨도 배우려는 의지를 보였다.

빨강이는 처음 만났을 때보다 확실히 달라졌다. 할 줄 아는 것이 늘어나고 인정도 받으며 자신이 썩 괜찮은 사람이라는 자신감도 엿보인다. 민트가 고민이다. 물론 읽을 때만큼은 빛난다. 처음보다 읽기가 유창해져서 목소리가 커졌다. 하지만 그때만 그럴 뿐 좀처럼 날개를 펴지 않고 안으로만 파고든다. 빨강이가 알려 주는 대로 해보다가 조금 어려우니까 금세 포기한다. "나도 고무줄로 별 만드는 거 어른이 되고 나서 배웠어요." 이 말이 민트에게 위로가 될까 모르겠다.

한창 재미가 붙은 보라가 쉬는 시간에 빨강이에게 텔레비전, 로켓 만드는 것도 배운다. 가만히 보니 화면 아래로 민트도 무얼 한다. 종이별을 다시 접어보고 있다. 아무도 보지 않고 신경 쓰지 않을 때 해보고 싶은 거다. 해내고 싶은 마음이 없는 것이 아니라, 서툰 것을 보여주고 싶지 않았나 보다. 화면 너머로 침묵의 응원을 보낸다.

<이렇게 멋진 물건들이 만 원에 숨어 있다고?>를 읽기 전에 만 원짜리 지폐를 살펴보았다. 세종대왕, 해랑 달도 찾았다. 봉우리 다섯 개 위에 해와 달이 있는 그림이 일월오봉도라고 임금님 앉는 자리 뒤에 병풍이라고 알려 줬다. 뒷면도 자세히 보더니 보라가 "별자리도 있는데요!" 하며 반색을 한다. 망원경 같은 것도 찾았고 이상한 둥근 물건도 찾았다. 이제 책을 읽으며 그게 다 무엇에 쓰는 물건인지 알아본다. 다 읽고 나서 옛날부터 사람들이 왜 별을 탐구했을까를 세 명이 의견을 나누고 공책에 써서 알려 달라고 했다. 읽은 내용도 참고하고 그 밖의 의견도 담아서.

　　* 별의 위치를 알 수 있어서 탐구했어요.
　　* 별의 위치를 아는 게 왜 중요했을까요?
　　* 음... 위치가 변하니까요.
　　* 위치가 변하는 것을 기록해서 무엇을 하려고 했을까요?
　　* 언제 돌아오는지 알 수 있겠어요. 한 바퀴 돌았다고 알아요.
　　* 그것을 알면 어디에 썼을까요?
　　* 날짜를 알아요!

　그런 식으로 아이들이 생각해본 별 탐구의 이유를 들으며 살을 붙였다. 달력을 만들어 농사에 쓰려고, 점칠 수도 있어서, 새로운 별을 찾으려고, 알고 싶으니까, 지구에서 탈출하려고 별을 탐구했다고 정리한다. 조금 더 보태고 싶은 것은 "별을 보며 방향을 알 수도 있었을까요?" 같은 질문을 한다. 책에 나온 혼천의를 간단하게 만든 간의, 페르시아 사람들이 만든 천문 기록을 보며 정말 오래전부터 사람들이 별을 탐구했다는 걸 알게 됐다. 궁금증을 갖는 것, 질문하는 것이 모든 학문의 시작이라는 것도. 혹시 궁금한 게 있는지, 어떤 사실이나 원리를 알고 싶은 게 있는지 물었다. 딱히 생각이 안 난다고 한다. 난 어릴 때 무거운 비행기가 어떻게 날 수 있는지, 꽃은 어떤 힘으로 피는지 궁금했다고 말하니까 빨강이가 자긴 안다며 뻐긴다. 하하! 찰랑찰랑하던 자신감이 넘치는구나. 궁금한 게 있으면 어떻게 하냐고도 물어봤다. 보라는 책을 본다고 하고 민트는 모르겠다고 한다. 책을 봐도 되고 알 만한 사람에게 물어봐도 되고 검색을 해봐도 좋다고, 빨강이는 게임 한 판 하고 검색 한 번 하면 좋겠다고 했다. 씩 웃는다.

<어린 왕자>를 다 읽었다. 마지막 문장을 읽고 잠시 아무 말도 없다. 어린 왕자는 여행을 하며 무엇을 발견했을까 물었더니 민트가 작은 소리로 말한다. "친구." 오늘따라 조용하던 민트가 마지막에 아주 중요한 것을 정확히 말해줬다며 기쁨을 한껏 표현했다. 그리고는

스스로에게 하는 말인지 책방 친구들에게 하는 말인지 중얼거렸다.
"우리가 사는 것은 어린 왕자처럼 지구를 여행하는 것일 수도 있어요. 그러네, 만나고 헤어지고 슬퍼하고 배우고… 여행하며 만나는 사람 한 명, 한 명 잘 만나야겠네요."

마무리로 오늘 수업에서 배운 것을 나누는 시간. 보라는 별을 뾰족하게 그리게 된 이유를 알게 됐다 하고, 민트는 별 그린 것이 좋았다고, 빨강이는 친구가 소중하다는 걸 알았다고 한다. 나는 책방 친구들이 배우고 싶어 하며 잘 배우고 있다는 것을 알았다.

03
별 하나에 소중함, 엄마

　감색 바탕에 작은 별 무늬 천이 있길래 배경에 붙였는데 화면으로 보이는 것은 그냥 감색 천이다. 별 모양 귀고리나 별 무늬 티셔츠가 있으면 좋았을 텐데 아쉽다. 화면을 가까이 비춰주자 아이들이 별 같다고 위로를 해준다. 흐흐

　시작 노래 부른 다음 자기가 알고 있는 시를 소개하는 시간을 가졌다. 빨강이는 후딱 교재를 뒤져보며 <별 헤는 밤>을 우렁차게 외친다. 언뜻 생각이 잘 안 나는 것 같아 수업 시간에 한 시나 동요로 만들어진 시를 생각해 보라고 했더니 보라가 무엇이 무엇이 똑같을까 '젓가락'을

말한다. 나무 주제 탐구 때 한 <나무젓가락>을 상기시켜주니까 <은행나무>도 떠올린다. 민트의 <곰 세 마리>도 보태졌다. 빨강이가 '개구리와 올챙이'로 노래를 부르기 시작하더니 '멋쟁이 토마토'부터는 '텔레비전', '비행기' 아주 떼창을 한다. 별에 관한 노래는 보라가 찾아냈다. 반짝반짝 '작은 별'. 헌데 별안간 빨강이가 "연두 샘이 별이다!"하고 외친다. 처음엔 못 들었다가 다시 말했을 때 목젖이 보이게 웃었다. 그런 노래가 있단다.

서쪽 하늘에/ 저녁 일찍/ 별 하나 떴다// 깜깜한 저녁이/ 어떻게 오나 보려고/ 집집마다 불이/ 어떻게 켜지나 보려고// 자기가 저녁별인지도 모르고/ 저녁이 어떻게 오려나 보려고

송찬호 시에 꿈휴가 곡을 붙인 <저녁별>을 함께 들었다. 잔잔한 노래인데 빨강이가 고래고래 소리를 지르며 자기 마음대로 불러제낀다. 몸짓으로 멈추라고 신호를 보냈지만 잘 안된다. 얼씨구, 같이 사는 형 안경 부러진 얘기도 한다. 붕 떠 있다. 오늘 나랑 민트, 보라가 고생 좀 하겠다.

지난 시간에는 과학적으로 별을 탐구한 사람들을 살펴보았다면 이번

시간에는 별에서 영감을 얻어 글을 쓰거나 노래하거나 그림을 그린, 예술로 접근하는 탐구를 해볼 거라 하니 보라가 <하늘과 바람과 별과 시>를 읽을 거냐 묻는다. 모두 교재를 폈는데 빨강이는 혼자 우주 저 멀리 가 있다. 준비되면 시작하겠다고, 돌아오라고, 우리 기다리고 있다고 세 번을 말한 뒤에야 책을 편다. 윤동주의 삶을 담은 이야기를 읽고 나서 <별 헤는 밤>을 다시 읽었더니 시가 다르게 읽힌다. 언덕에 이름을 쓰고 흙으로 덮는다든가 봄이 오면 그 언덕에 풀이 자랄 거라든가 그런 시어가 어렴풋이 이해가 되는 것이다.

윤동주의 시 중에 <서시>를 또 보여준다. 민트가 차분히 읽는다. <별 헤는 밤>처럼 별이 나오고 느낌이 비슷하다고 한다. <별 헤는 밤> 중에 한 부분을 패러디해서 시를 써 보기로 한다. '나는 하늘에 있는 별을 하나씩 세어 봅니다/ 별 하나에 ○○과 / 별 하나에 ○○과... 별 하나에 ○○, ○○' 이런 형식으로. 아름다운 말, 자기 마음속에 들어 있는 말, 소중한 말을 넣어보자 했다. 아이들이 사뭇 진지하게 쓰고 있다. 빨강이는 그림부터 그리지만 쓰기도 하는 듯하다. '별 하나의 어머니, 어머니'처럼 마지막엔 두 번 반복해서 써 보라고 했더니 윤동주가 왜 두 번 반복했는지 물어본다. 아마도 아름답고 그리운 말 중에 그게 가장 중요한 말이라 그러지 않았겠냐, 강조하는 느낌이 들지 않냐 내 생각을 말한다.

초집중을 하더니 아이들이 쓴 것을 읊었다. 보라가 먼저 한다. 보라는 '별 하나에 행복과/ 별 하나에 슬픔과/ 별 하나에 모든 감정과/ 별 하나에 은하수와/ 별 하나에 나의 이야기들, 은하수'라 한다. 아, 나의 이야기들과 은하수를 연결하다니! 민트는 '별 하나에 마음과/ 별 하나에 고민과/ 별 하나에 기쁨과/ 별 하나에 생각과/ 별 하나에 소중(소중함)과/ 별 하나에 행복, 행복'이라 썼다. 민트에게 아름다운 말, 소중한 말은 행복이구나. 마지막에 발표하겠다던 빨강이 차례. '별 하나에 짜증과' 이렇게 시작하니 아이들이 큭 웃는다. 빨강이는 진지하다. '별 하나에 힘듦과/ 별 하나에 기쁨과/ 별 하나에 화남과/ 별 하나에 기분과/ 별 하나에 소중함, 엄마' 잠시 멈칫. 소중함, 엄마... 빨강이가 마음속에 있는 말을 길어 올렸다.

내 소감을 이야기해주었다. "빨강이의 말을 듣고 있자니 밤하늘의 별처럼 드문드문 짜증 나고 힘들고 화날 때도 있지만 또 기쁨이나 엄마도 박혀있는 것 같아 멋져요. 민트도 자기 마음을 잘 표현한 것 같아 감동이고요. 보라의 시는 꼭 큰언니가 쓴 시 같아요. 모두들 시인인데요! 자, 시인들 이제 쉬는 시간이니 쉬세요."

이번엔 별에 영감을 얻어 그린 그림을 감상하는 시간. 화가 중 별을 유난히 많이 그린 고흐의 그림을 띄우자 보라가 빈센트 반 고흐라고 정확하게 이름을 말한다. <론강의 별이 빛나는 밤>에서는 무엇이 보이는지 찬찬히 본다. '별이 빛나는 밤'을 보더니 빨강이가 '고흐가 다리가 아파서 밖에 못 나갔는데 별이 보고 싶어서 그린 그림'이라고 해설을 한다. 우리가 별을 그리면 뾰족하게 그릴 거 같은데 고흐는 이렇게 그렸다며 이 풍경에서 중심을 잡고 있는 것이 무엇일까 물었더니 보라가 뜻밖의 대답을 한다. "바람이요!" 아, 보라는 바람이 보이는구나. 삼나무 옆으로 부는 바람, 별 주변에 흐르는 공기와 기운을 알아채다니! 퍼즐로 보았다는 <밤의 카페 테라스>는 흰 별이 떠 있는 푸른 하늘과 검은 골목, 노란 카페의 색 대비를 살펴본다. <밤의 하얀 집>이나 <유진 보흐의 초상>에도 별을 그려 넣은 고흐의 별 사랑을 확인한다.

한희원과 이성자 화가의 별 그림도 보았다. <여수로 가는 막차>란 그림은 제목 때문인지 기차에서 보이는 여수 밤바다 풍경 같다. 하늘에 별이 박혀있고 산 아래 점점이 불빛이 앉아있다. <천왕성의 도시 4월 2>는 물감으로 뿌린 것 같은 별 그림이다. 쪼개진 별도 보여서 추상화 같기도 하다. 이렇게 사람들은 별을 자신의 느낌대로 방식대로 표현했다며 그림 감상을 마치려는데 빨강이가 한마디 한다.

"연두 샘, 모네 그림은 없어요?" 모네를 안다 이거지. 빨강이는 생각이 뻗어나가는 힘이 좋다.

우리는 독자고 관객일 수도 있지만 작가가 될 수도 있다. 직접 시를 쓰고 그림을 그려 보자 했더니 아이들이 눈만 깜빡거리고 있다. 빨강이는 그림부터 그린다. 요새 별이 잘 보이지 않으니 그걸 써 봐도 좋겠고, 낮에 별은 무얼 할까 하는 상상을 써도, 별과 나의 닮은 점을 써도 좋겠다, 명왕성 얘기도 괜찮겠고 별들이 드문드문 떨어져 있는 것을 써도 좋은 시가 나오겠다며 슬쩍 거들어준다. 응? 벌써 코를 박고 열심히 쓰고 있다. 덕분에 나도 조용히 시를 쓴다.

별은 지구 말고 우주에만 있을까
별은 은하수처럼 아름다울까
별은 아름답게 빛나고 별자리도 있을까
별은 우리에게 소중한 추억이다

여름에 캠핑하러 간다던 보라는 궁금한 것을 시로 쓰고 캠핑하는 그림을 그렸다.

별은 왜 안 보일까

별이 몇 개인지 알고 싶다

별은 왜 이렇게 반짝반짝할까

민트의 시다. 좋은데 한 줄만 더 쓰면 좋겠다고, 왜 반짝이는지 민트의 상상을 적어보라 했다.

빨강이 발표 차례.

"제목 데이트. ○○○(빨강이)" 오호라, 제목과 지은이부터 제대로다.

"별 별

별이다

별이 없는 게 아니야

어 맞아

저기 있다

여기도 있네

별이다!

남자 여자

끝"

하하! 별을 통해 빨강이가 어디에 관심이 있는지 알 수 있다. 그림을 보니 여자와 남자를 정성껏 그렸다.

긴 호흡으로 읽는 책, 이번에는 알퐁스 도데의 <별>이다. 빨강이는 목동인 '나'를 애저녁에 맡아놨고 스테파네트 아가씨를 두고 보라와 민트가 신경전. 결국 보라가 노라드 아주머니 역을 맡았다. '나'가 1인칭 주인공이라 글밥이 많은데 괜찮냐 물었는데 빨강이는 자신 있게 할 수 있다고 한다. 하고 싶은 역할이라 그런지, 사랑 이야기라 그런지 빨강이가 덜 더듬고 자신 있게 읽는다. 배움은 역시 동기가 중요하지, 암만!

04
친구들이 해치워 줄 거예요

아이들이 책딸기라고 이름 붙인 딸기가 이제야 몇 알 익었단다. 그렇지, 딸기도 사람도 늦될 수 있지. 어쩌면 꽃이 피지 않을 수도, 꽃만 피우고 열매를 맺지 못할 수도, 익었지만 맛이 없을 수도 있다. H가 찍어 보내온 딸기 사진을 보며 문득 '딸기 모종은 열매를 먹으라고 살아있는 것이 아니지.' 하는 생각이 스친다. 학생들이 학원에서 집단감염이 되었다는 소식을 들은 직후라 그랬을까.

생생하게 살아있는 아이들이 들어온다. 어, 보라는 머리를 잘랐네. 3주 만이다. 이런저런 이유로 오랜만에 만나서인지 쑥 큰 것도 같다.

<예쁘지 않은 꽃은 없다>를 부른 다음 정말 예쁜 꽃을 보여줬다. 다 시들어가던 난을 자리를 옮겨가며 보살폈더니 하얗고 앙증맞은 꽃을 피웠는데 그게 꼭 별을 닮았다. 아이들도 화면에 코를 대고 꽃을 본다.

오늘 시작하는 이야기로는 '크면 누구랑 어디서 무얼 하며 살까'를 골랐다. 별 주제 마무리로 내 앞에 펼쳐질 세상을 상상하는 내용이 있으니 미리 이야기의 물꼬를 터놓을 참이다. 세 아이 모두 공통점이 있었는데, 그게 결혼은 안 하고 서울에서 친구나 지인들과 산다는 것이다. 빨강이가 연두는 어떠냐고 묻는다. 내가 더 클 수 있을까? 하하! 난 혼자 시골에서 꽃밭 가꾸며 살 테니 딸기밭에 딸기 익으면 놀러 오라 했다.

<별에서 만난 사람들>은 우리가 긴 호흡으로 읽은 <어린 왕자> 중 일부를 발췌한 것이다. 오늘 읽을 내용인데, 그 전에 어린 왕자가 만났던 사람들의 특징들을 그림을 보며 말해봤다. 명령 내리길 좋아하는 왕, 칭찬받기 위해 사는 모자 쓴 사람, 부끄러워 술을 마신다는 술꾼, 더 많은 별을 차지하려는 사업가, 대화도 못 할 만큼 바쁜 일꾼, 자신의 경험은 없고 남의 이야기만 기록하는 할아버지... 생각보다 아이들이 어린 왕자에 나오는 인물들을 잘 기억하고 있다. 사람이 딱 한 가지 특징만 있는 것은 아니지만 내가 만난 사람 중에

이런 특징이 있는 사람이 있는지 떠올려 보고 어린 왕자가 나를 만나면 어떤 사람이라고 생각할까 생각해보며 본문을 읽어보자 했다.

<별에서 만난 사람들>을 읽으며 교재에 나와 있는 질문에 대답을 해봤다. '나는 할아버지처럼 이야기를 듣고 글을 쓰고 싶나요, 아니면 어린 왕자처럼 직접 여행을 하고 싶나요?' 아이들은 한결같이 어린 왕자처럼 살고 싶다고 한다. '어떤 어른을 만났나요?', '어떤 사람이 좋은 어른일까요?' 결론부터 말하자면 이 질문에는 아이들이 대답하지 못했다. 모르겠다거나 생각을 안 해봤다고 한다. 학기 초에 보라가 담임선생님 좋다고 했던 얘기를 건네봐도 기억이 안 난다, 지금은 모르겠단다. 이런저런 말을 붙여보아도 아이들은 입을 꾹 다물고 가만있다. 좋은 사람은 어떤 사람일지, 어른들이 이해가 안 될 때가 언제인지 물어봐도 조용하다. 뭐죠, 이 낯설고 숙연한 분위기는? 하지만 그게 어찌 너희들 탓이랴. 좋은 어른, 하면 딱 떠오르는 사람이 사실 나도 별로 없다. 연두가 좀 더 노력해 보겠다고 말하자 아이들이 씩 웃는다.

"자, 오늘은 말을 하기 어려운 날이니 글을 써 봅시다." 어린 왕자에게 편지글을 써 보기로 한다. 어린 왕자에게 궁금한 것을 물어봐도 좋고,

어린 왕자를 만난다면 어떨지 상상해보며 써도 좋고, 내 이야기를 들려줘도 좋다고 말하는데 보라랑 민트는 벌써 쓰고 있네. 빨강이는 아무 말이나 다 써도 되냐며 히죽 웃었는데 쓴 글을 발표할 때 왜 그러는지 알았다. 보라랑 민트는 어린 왕자가 만난 사람들 이야기를 하며 이해가 안 되는 것을 아주 자세히 썼다. 말보다 글이 더 쉬운 것인가. 빨강이는 편지를 읽기 전에 이상할 수도 있다, 조금 말이 안 될 거다, 이해가 안 될 수도 있다, 말이 안 되는 말을 그냥 막 썼다고 포석을 많이도 깐다. 어린 왕자더러 지구에 오지 말라고, 안녕이라고, 잘 가라고 반복해서 썼다. 어떤 것이든 이유가 없는 것은 없고 빨강이가 왜 그렇게 썼는지 궁금하다고 했더니 다른 사람을 이상하다고 하는 어린 왕자가 더 이상하단다. 그럴 수 있겠다, 새로운 시각이라고 피드백을 해주며 그걸 어린 왕자가 알아듣게 편지에 쓰면 좋겠다고 제안하자 코를 박고 더 쓴다.

쉬는 시간을 갖고 다시 모였다. 빨강이가 의자 밑으로 숨으며 "연두 샘, 저 안 보이지요?" 한다. "숨으려는 빨강이가 보이는데! 잘생긴 등이 아주 잘 보이는데!" 그러고 보니 만나서 수업할 때는 쉬는 시간마다 숨바꼭질을 했는데 이 수업을 끝마칠 때까지 다시 이 놀이를 할 수는 없겠구나 싶은 게 아쉬움이 와락 몰려온다. 하지만 지금은 다시 수업

모드로 전환할 때. 할아버지처럼 앉아서 남의 이야기를 쓰는 사람이 아니라 경험을 하며 내가 내 얘기를 만들어 가는 사람이 되고 싶댔으니 탐험을 떠나는 그림을 그려 보자고 했다. 누구랑 갈 건지, 어디로 갈 건지, 무엇을 할 건지 그림에 나타나도록 표현을 해보자고.

"상상이어도 상관없죠?"
"그럼요. 상상은 돈이 들지도, 누구를 해치지도, 남에게 방해가 되지도 않으니 마음껏 하세요."

아이들이 집중하고 그리길래 나도 그림을 그렸다. 책방 아이들과 지리산 천왕봉에 올라 있다. 큰 배낭을 메고 오르느라 땀에 젖었지만 모두 환하게 웃고 있다. 바람이 시원하게 분다. 아, H도 같이 가고 싶어 할 수도 있는데 어쩌나. 뒷모습을 보이며 사진을 찍고 있다. 내가 그린 그림을 보고 아이들이 좋아한다. 누가 누군지 맞히며 H 삼촌이 사진 찍는 게 웃기단다.

보라의 그림 설명이다. "친구랑 둘이 동굴에 갔어요. 가본 적은 없는데 상상이에요. 모모 있었는지 알아요? 보물! 퀴즈를 풀어야 해요." 그림만 봐도 마음이 환해진다. 다음은 민트.
"저는 친구 세 명이랑 같이 숲속을 가고 있어요. 큰 나무도 네 그루 그렸어요."

"아, 숲속을 탐험하고 있군요. 그런데 민트, 벌레 안 무서워? 무서워하잖아."

"친구들이 해치워 줄 거예요."

그래, 우리가 지구별에서 탐험을 떠날 때 누군가와 함께 있을 테지, 그 사람이 내가 무서워하는 벌레를 해치워주기도 하고 내가 또 그 사람의 걸림돌을 치워주기도 하며 그렇게 살겠지.

이 감동의 순간을 빨강이가 깨주었다. 빨강이는 '예쁜' 여자를 한 명 그렸다. 옆에 있는 둥근 것이 동굴이라는데 여자는 치마를 입고 뾰족구두를 신고 있다. 그 차림으로 어떻게 울퉁불퉁한 동굴을 간담? 넌 어디 갔냐니까 그제야 졸라맨으로 자신을 조그맣게 그려 넣는다. 빨강이의 뇌 구조에 요새 큰 부분을 차지하는 것이 무엇인지 확실히 보여주는 그림이다. 하하!

오늘은 별 주제 마지막 날이니 <별>을 먼저 읽고 주제 탐구 돌아보기를 나중에 했다. 우리가 했던 활동이나 읽었던 글을 모아 자료를 만들어갔는데 아이들이 오늘 수업 돌아보기를 먼저 하겠다고 나선다. 그림 그린 거, 편지 쓴 거, 어린 왕자 다시 읽은 거, 별 읽은 거다 좋았단다. 너희들이 좋았다니 나도 좋아. 빨강이는 오늘이 제일 좋았다는데 그건 아마도 그린 그림이 맘에 들어서인 듯하다. 주제 탐구를 돌아보며 넓디넓은 우주에서, 수많은 별 중에 하필 지구에서, 지구에서도 바로 여기서 만나, 함께 살아가고 배우고 상상할 수 있어 다시금 고마워졌다. 다음 주제는 거울. 마지막 주제다. 빨강이가 약속대로 <예쁘지 않은 꽃은 없다>에 들어올 것인지 두고 봐야겠다.

9. 거울

01
몰라도 괜찮아

　오늘은 민트가 먼저 들어온다. 둘만 있으니 있었던 일 이야기를 조곤조곤 잘도 한다. 곧 방학인데 계획이 있냐 물으니 없단다. 민트는 그림으로 표현을 잘하니 하루에 한 장씩 그림을 그려보지 않겠냐고 슬며시 제안하며 눈치를 본다. 마스크 때문에 잘은 보이지 않지만 분명 눈이 웃고 있다. 그리고 천천히 대답한다.
　"네. 해 볼게요."
　"뭘 한다고요?" 빨강이가 들어오며 무슨 얘길 했는지 궁금해한다. 듣더니 자기는 특별한 계획이 있는데 게임을 오래 하는 거라고. 하하! 그게 무슨 특별한 일이라고!

오늘은 그야말로 특별한 날이다. 마지막 주제, 거울 시작하는 날이면서 빨강이가 노래에 들어오는 날. 약속대로 <예쁘지 않은 꽃은 없다>에 빨강이 이름도 넣어서 불렀다. 아직도 예쁘다는 말이 자신에게 붙일 수 없는 말이라 생각하냐 물으니 아니란다. 오래 걸렸지만 제 발로 담담하게 들어온 것이 참 기쁘다.

새로 받은 교재 거울 호를 살펴본다. 표지를 보며 거울 주제로 어떤 이야기가 있을 것 같은지 상상도 해보고 <내 모습이 어때?>를 읽으며 거울이 있는 곳은 어딘지, 얼마나 거울을 자주 보는지 이야기를 나눈다. 빨강이가 집이랑 학교 곳곳에 있는 거울의 위치를 잘 기억하고 있다. 거울도 자주 본다고 한다. 거울이 아니더라도 자기 모습을 비춰볼 수 있는 물건이 있을까도 생각해 봤다. 가게나 자동차의 유리 같은 것 말이다. 화상 앱의 화면이랑 핸드폰 사진에서 볼 수 있단다. 그러네. 지금도 화면에 우리 모습이 보이네.

탁상거울을 하나씩 나누어주고 자기 얼굴을 자세히 살펴보기로 한다. 눈부터 본다. 정면으로 보기도 하고 옆으로도 본다. 전체 눈 모양은 어떤지, 쌍꺼풀이 있는지 찬찬히 뜯어본다. 눈동자랑 속눈썹도 자세히 본다. 왼쪽 눈과 오른쪽 눈이 같은지도 비교해 본다. "어, 달라요!

봐봐요!" 보라도 다르다며 신기해한다. 코, 입, 이, 턱, 귀, 이마, 그리고 주름이나 점, 상처까지 하나하나 살펴본다. 웃어도 보고 찡그려도 본다. 아이들은 마치 난생처음 자신을 보는 것처럼 신기하게 보고 있다.

<고흐가 그린 사람>을 읽으려는데 제목만 보고 보라가 '빈센트 반 고흐!'가 '자상화'를 그린 거라고 한다. 그러고 보니 왜 '자화상'일까 의문이 든다. 화가 자신이 스스로 그린 초상화니까 자화상보다 자상화가 더 맞는 말 같기도 하다. 글을 읽고 나서 우리도 고흐처럼 자기 얼굴을 그려보자고 했다. 다시 거울을 보며 보이는 대로 그려보기로 한다. 민트랑 보라는 거울과 공책을 번갈아 보며 빠져들어 그림을 그리는데 빨강이는 의자를 까딱거리고 딴말만 하고 있다. 이유를 물어보니 자신은 여자밖에 못 그리고 남자 그리기가 어렵단다. 남자가 아니라 너를 그리면 된다고 설명해 주지만 소용없다. '내가 남자니까 남자를 그려야 하는데 남자 그리는 법을 모르겠다'고 녹음기 틀어 놓은 것처럼 같은 말을 반복한다. 분명 그림 그리기가 싫은 것은 아니다. 빨강이는 사람을 남자와 여자로 가르는 사고에 익숙해져 있고 그 생각을 내려놓고 그저 자신을 바라보는 것이 어려운가 보다.

'거울' 주제에서 핵심 개념으로 삼으려는 것은 '나의 세계'이다. 나를

이루고 있는 것, 그러니까 내 몸, 마음, 생각들에서 시작해 내가 있는 곳, 내가 만나는 대상, 내가 보내는 시간들을 총망라해서 연결해 나의 세계를 탐구해 볼 참이다. 첫날부터 단단한 '빨강이의 세계'를 마주했다. 처음에는 이 고정된 틀을 깨주고 싶은 마음이 올라왔다. "아까처럼 자기 눈을 잘 보고 그려봐요. 남자의 눈이 아니라 자신의 눈을." 하며 설득해보다가 이내 생각을 고쳐먹었다. 빨강이가 그런 자신을 바라보고 알아차리면 된다. '나는 이런 생각을 하는 사람이구나.' 하고 생각할 수 있게 질문을 했다. '빨강이는 여성인지 남성인지가 중요하군요?', '한 사람을 볼 때 어떤 특성보다 여자, 남자라는 정체성이 중요하다고 생각하는 거지요?' 같은. 결국 빨강이는 시작조차 하지 못하고 말았지만 나랑 이야기를 나누며 자신에 대해 조금은 더 알게 되었으리라.

보라와 민트가 그린 자화상을 보며 그릴 때의 느낌이라든가 자신에 대해 새로 발견한 점을 이야기 나누었다. 이렇게 자세히 자신을 본 적이 없단다. 앞으로 이 거울로 자신을 자주 보기로 했다. 특히 얼굴에 크림 바를 때. 손바닥에 덜어 세수하듯 마구 바르지 않고, 거울을 보며 손끝으로 얼굴에 점 찍듯 크림을 올려놓고 천천히 얼굴을 봐가며 바르기로 했다.

시를 하나 같이 읽을 거라고 하니 보라가 "윤동주 시인인가요?" 아는 척을 한다. 아까 화면에서 얼핏 보았단다. 역시 알면 눈에 더 잘 들어온다. 윤동주의 <자화상>을 천천히 읽고 우물에 비친 한 사나이가 누굴까 물으니 민트가 윤동주라고 한다. 나도 내가 미운 적이 있는지, 그러다가 다시 가엾어지기도 했는지, 내가 나인 것이 좋은지 이야기를 나눈다. 민트와 보라는 자기 자신이 제일 좋다고 하는데 빨강이는 계속 딴 곳을 보거나 딴짓을 한다. 마주하고 싶지 않거나 자신이 없는 걸까.

* 연두 : 빨강이는 어때? 자신이 마음에 들어요?
* 빨강 : 모르겠어요.
* 연두 : 자기 마음을 자기가 모를 수 있죠. 눈을 내리깔고 있는 빨강이 얼굴을 내가 그려보고 싶다.
* 보라 : 어, 빨강이 빈센트 반 고흐 닮았어요! 슬퍼 보여요. 이 자화상하고 닮았어요.
* 연두 : 에이, 난 고흐보다는 빨강이!
* 민트 : 왜죠?
* 연두 : 빨강이가 훨씬 귀엽고 이쁘지.
* 보라 : 전 고흐 편입니다.

빨강이가 옅게 웃는다. 내가 못마땅하고 불만스러울 때도 있지만 그래도 나를 가장 잘 알고 사랑해 줄 수 있는 사람도 나라고, 그러니 이 문장을 완성해 보자 한다. "○○ 해도 괜찮아."

* 보라 : 소심해도 괜찮아!

* 민트 : 이상해도 괜찮아!

* 연두 : 주름이 많아도 괜찮아!

* 보라 : 눈이 작아도 괜찮아!

* 연두 : 빨강이는 자신에게 해주고 싶은 말 없어요?

* 빨강 : 모르겠어요.

* 연두 : 몰라도 괜찮아! 수업하면서 조금 더 알게 될 거야.

* 빨강 : (작은 목소리로) 잘 안 먹어도 괜찮아.

오늘로 알퐁스 도데의 <별>을 다 읽었다. 아이들이 좋았다, 재미있다 한다. 여운이 느껴진다. <전우치> 1, 2권과 <어린 왕자>, 그리고 <별>까지 긴 호흡으로 읽은 책이 네 권이다. 조금씩 꾸준히 읽을 책으로는 그다음 이야기가 궁금해지는 책이 좋다. 아이들이 직접 추천하고 합의한 책이면 더 좋고.

활동 돌아보는 시간에 민트와 보라는 거울로 얼굴 살펴본 것, 그림 그린 것, 거울을 선물로 받은 것, 책 읽은 것 다 재미있고 좋았다고 한다. 내가 봐도 그렇다. 반면 우리의 빨강이는 <별> 읽을 때 잠시 반짝하더니 다시 시큰둥하다. 자화상 그리는 게 어려웠냐 물어보자, 보고 그리는 게 어렵다고, 상상해서 그리고 싶었다고 말한다. 오늘은 상상, 생각 말고 있는 그대로 보았으면 했는데 그게 어려울 수 있겠다고, 충분히 이해는 된다고 했다. 거기까지만 할걸, 그래도 가끔 잘 안 해본 방식으로 시도를 해보면 좋겠다고 토를 달고야 말았다.

자신에게 오늘 수고했다, 격려하고 서로 고맙다 인사를 한다. 나가려다 말고 보라가 책방이 너무 재미있는데 끝나는 거 속상하다고 한다. 나도 벌써 아쉽다. 그래도 우리에겐 아직 세 번의 수업이 남아있다! 남은 세 번, 살뜰히 잘 만나자.

02
누구를 용서하고 싶어요

H가, 방학 때 읽을 책 몇 권을 아이들에게 주문하랬더니 두 명이 <전우치> 1, 2권을 써냈다며 웃으신다. 다시 읽고 싶다는 아이들이 신기하신가 보다. 출판사도 피치마켓이라고 적어 냈길래 다른 출판사의 전우치는 어떠냐고 물었다는데 아이들이 기겁하며 피치마켓 것이어야 한다고 했다나. 흐흐. 한참 H와 그 얘기를 하는데 아이들이 들어와 자연스럽게 신청한 책 이야기로 이어진다. 보라랑 빨강이야 원래 책을 좋아했는데 민트도 덩달아 책을 읽고 싶어 안달이 난 아이가 됐다. 정말 신기하긴 하다.

오늘은 거울 두 번째 시간. '나를 가장 잘 아는 사람'으로 수업을 열었다. 누가 나를 가장 잘 알고 있을까? 묻자마자 빨강이가 대답한다. 왕 이모! 아기 때부터 쭉 함께한 보육원의 과장님인데 자기가 왕이모라고 별명을 지어줬단다. 대번에 대답이 나오고 설명하는 낯빛도 밝다. 보라와 민트는 서로 먼저 하라더니 둘 다 친구 한 명씩 이름을 댄다. 나는 내가 나를 가장 잘 안다고 생각하는데 가끔 친구가 나보다 나를 더 잘 아는 것 같을 때가 있다고 맞장구를 쳤다.

"자, 책을 펴봅시다." 했는데 보라가 "저, 책으로 벌레 잡았어요." 한다. 으하하하! 책은 참 쓸모가 많다. 읽기 전에 빨강이를 염두에 두고 모두에게 부탁한다. 다른 사람이 읽을 때도 눈으로 글자를 따라가야 순서를 놓치지 않는다고, 오늘은 바짝 신경을 써보며 읽어보자고. 오, 빨강이가 딱 한 번만 빼고 순서를 딱딱 맞춰 읽는다. 흐름이 끊기지 않으니 내용을 더 잘 파악할 수 있어 좋았다며 엄지척! 내용에 집중하니 모르는 낱말도 발견해 물어본다. 양손 엄지척!

<동물도 거울을 보고 자기 모습을 알아볼까?>를 읽으며 자신의 모습을 보고 자기 인식을 하는 것에 대해 생각해 본다. 침팬지나 돌고래와 달리 강아지, 고양이는 거울실험을 통과하지 못했다는데

왜일까, 머리가 나빠서일까, 묻는다. 빨강이가 마치 모욕을 당한 것처럼 아니라고 발끈한다. 그럼 무엇으로 자기를 인식할까 또 묻는다. 그건 모르지만 고양이도 머리가 나쁘지 않고 자기를 알 거라고 주장한다. 준비한 영상을 보고 나더니 빨강이가 더 의기양양해졌다. "그것 봐요. 고양이는 냄새로 알잖아요!"

동물뿐 아니라 사람도 처음에 거울을 봤을 때는 거기 비친 모습이 자신이라고 인식하지 못했다며 '거울을 처음 본 사람들' 옛이야기를 들려준다. 그러고 보면 자신을 인식하고 느낀다는 것은 놀라운 일이다. 그것은 배움에서 나오는지도 모르겠다. 아기가 어느새 자신의 모습을 알아보고 자신의 마음이나 행동을 인식하는 것은 반복된 경험에서 나오는 것이니까. 마지막 탐구 주제인 거울에서는 겉모습부터 내밀한 속 모습까지 나를 들여다보고 앞으로 펼쳐질 나의 세계를 상상하는 시간으로 구성했다.

쉬는 시간 전에 시간이 애매하게 남아서 준비해 둔 최승호 시인의 시 <나>를 함께 읽어보았다.

> 나무는 나무
> 나비는 나비
> 나는 나예요
>
> 달은 달
> 새는 새
> 나는 나예요
>
> 나는 딸꾹
> 뻐꾸기는 뻐꾹

내가 좋아하는 시다. 이 시를 읽으면 너무 당연한 소리지만 내가 다른 누구도 아니고 나구나, 다시금 확 깨닫게 된다. 별을 보다가, 길을 걷다가, 시를 읽다가, 이를 닦다가 나는 가끔 강렬하게 내가 여기 있다는 것을 확인한다. 아이들에게도 물어본다. 혹시 살면서 내가 나인 것을 문득 깨달은 적이 있냐고. 멀뚱멀뚱 쳐다만 본다. 그럼 '내가 나라서 ~~' 문장을 완성해 보자고 한다. 여전히 아이들은 뭐라고 해야 할지 모르는 눈치다. 내가 마음에 드는 순간이나 다른 사람이 되고 싶은 순간 같은, 조금 더 구체적인 상황을 떠올리며 이야기를 나누니 그제야 아이들 말문이 트인다.

* 빨강 : 혼나고 있을 때는 내가 나라서 싫다. 게임 할 때는 내가 나라서 좋다.
* 민트 : 내가 나라서 나는 항상 좋다.
* 보라 : 책을 읽을 때 내가 나라서 마음에 든다. 시험을 볼 때는 내가 나라서 보통이다.

싫다고 하기는 싫고 좋지는 않고. 그러니 보통이구나. 하하! 시험 얘기가 나오니 빨강이가, '진짜' 이상한 일이 있다며 '대충' 봤는데 '갑자기' 국어가 백 점이라고 한다. 진짜와 대충, 갑자기를 매우 강조하는 걸로 봐서 빨강이에게 백 점이 얼마나 큰일인지 알겠다. 이걸로 글을 좀 써보자, 하고 싶은 욕심이 났지만 잘 참았다. 좋든 싫든 나는 그 누구도 아닌 나로 살아야 한다. 어떻게 살 것인지는 그래도 내가 선택할 수 있다 정도로 얌전히 마무리를 한다.

쉬는 시간에 아이들은 전처럼 뛰며 놀지 않는다. 도서관보다 좁은 상담실이라 그런 것도 같고 날이 더워 그런 것도 같다. 교재를 넘겨보거나 그림을 그리거나 작은 소리로 이야기를 한다. 아이들이 부쩍 큰 것도 같다.

겉모습을 알아본다는 의미에서 더 나아가 이제 본격적으로 나의 내면을 들여다보는 시간을 갖는다. '내 안의 보석 찾기'라는 화면을 띄우는 동안 H가 아이들에게 인쇄한 종이를 나눠주셨다. 감사, 배려, 인내, 열정 같은 사람들이 소중하게 여기는 덕목들이 쓰여있다. 버츄 프로젝트의 버츄 카드 중 35개의 낱말을 고른 것인데 우선 하나하나 읽어보며 낱말의 뜻을 살펴봤다. '기지'에서는 빨강이가 비밀기지를 이야기한다. 그래, 기지라는 말이 어렵긴 하다. 유쾌하게 웃기는 것을 말하는데 상대방의 마음까지 고려해서 말해야 유쾌하게 웃긴 거라고 알려준다.

이 중 내 안에 들어있는 보석을 찾아 동그라미를 쳐본다. 아이들이 곰곰이 생각하며 고른다. 보라는 겸손, 끈기, 존중, 도움 네 가지 보석을 찾았고 민트는 배려, 겸손, 용기, 존중, 용서 다섯 개를 골랐다. 우리의 빨강이는 예의, 감사, 배려 등 여덟 개 낱말에 동그라미를 쳐서 보여준다.

"세상에, 정말 그것밖에 없는 것 같아요?" 놀라며 내가 묻자 아이들이 무슨 소린가 하고 귀를 기울인다.

"연두가 책방 수업하며 본 것들은 훨씬 더 많았는데? 청결, 정돈은 같이 안 지내봐서 잘은 모르겠지만 내가 본 보라는 다 동그라미를 쳐야 하는데. 민트도 그래. 친절, 창의성, 예의 그런 것들을 어떻게 없다고 빼놓을 수가 있어요? 화합, 너그러움은? 그것 말고도 잘 들여다보면 없는 게 거의 없을걸. 자신에게 너무 야박한 거 아닙니까? 빨강이! 믿음직함은 왜 뺐을까? 너 인정도 있잖아. 창의성, 기지도. 너 재미있잖아. 아, 도움도!"

"제가 도움을 준 적이 있다고요?" 천부당만부당한 말이라는 듯 눈을 동그랗게 뜨고 묻는다.

"그럼요! 책방 수업에서 내가 얼마나 많은 도움을 받았는데. 빨강이 덕분에 수업이 재미나고 풍성해지는 때가 많은걸. 그리고 지난번에 고무줄로 별 만드는 것도 가르쳐 줬잖아요!"

이 보석들은 우리 안에 다 있는 거다, 어떤 것은 묻혀 있어서 잘 안 보이거나 남들에게 잘 보여주지 않을 뿐이라고 설명을 한다. 아이들이 연필을 들고 신이 나서 동그라미를 더 친다.

이번에는 있기는 있는데 내가 잘 사용하지 않아서 안 보이는, 꺼내서 더 사용하면 좋겠는, 신경 써서 개발하고 싶은 보석에 별표를 그려보도록 했다. 보라는 끈기와 존중을, 민트는 진실함, 열정, 창의성, 책임감, 사랑을 선택했다. 하나하나 카드를 읽어보고 보석을 꺼내는 비법에 대해 이야기를 나눴다. 카드에 그 낱말의 뜻과 실천 방법 등이 쓰여 있다. 빨강이는 겸손, 신뢰, 평온함, 청결, 인내, 용서, 친절, 소신, 너그러움, 협동, 화합 등 19개 낱말을 골랐다! 간절함이 엿보인다. 그렇지만 19개를 다 살펴보다가는 저녁을 못 먹게 생겼다. 보라와 민트가 빨강이에게 딱 하나의 보석을 줄 수 있다면 어떤 보석을 주고 싶냐 물었다. 보라와 민트가 함께 고른 것은 협동. 협동은 함께 일하고 짐을 나누어지는 것이며 규칙을 지키는 것, 도움을 청하는 것과 관련이 있다는 걸 알아보았다. 그리고 빨강이가 딱 하나 선택한 보석은 용서.

"왜 용서를 골랐을까?"

"누구를 용서하고 싶어요."

"누군지 물어봐도 되나?"

"동생들이요. 같이 사는 동생들이 이모 없을 때 까불고 때리고 비난해요. 그럴 때 엄청 화가 나요. 걔네들은 책방 수업을 안 해서 그래요. 용서는 제가 진짜 진짜 하고 싶은 거예요."

빨강이 말에 진심이 뚝뚝 묻어났다. 동생들이 귀찮게 굴어서 참 힘들겠다. 그럴 때 자신이 화가 나는 것을 인식하고 있고 보복 대신 용서를 하고 싶어 한다. 처음 만났을 때를 떠올리면 엄청난 변화다. 용서 카드를 꼼꼼히 같이 읽고 마음에 남는 문장을 골라 보게 했다.

"누군가 잘못을 저질렀을 때 다시 기회를 주는 거요. 내가 잘못을 했을 때 책임을 지라는 거요."

"잘못한 사람이 용서를 구할 수 있도록 하는 게 중요해요. 동생들이 잘못하면 평소에는 어떻게 해요?"

"같이 때리죠."

"보복을 하는군요. 보복을 하면 또 보복을 당하고 더 센 보복을 하고… 그런 게 바로 전쟁이죠. 이제 동생들이 까불면 주먹 대신 용서를 꺼내서 빨강이 생각을 말해 보세요."

이런 낱말들은 추상적이어서 관심이 없으면 어쩌나 했는데 웬걸. 아이들이 진심이다. 이 낱말들을 이미 자신이 가지고 있다는 데에 안도감을 느끼는 것도 같다. 이제 필요할 때 꺼내 쓰기만 하면 된다.

"이걸 씨앗이라고 생각해 봐요. 물을 주면 싹이 나겠죠. 너그러움과 진실함에 물을 주면 너그럽고 진실한 사람이, 두려움과 분노에 물을 주면 또 그런 사람이 되는 거죠. 어디에 물을 주냐에 따라 나는 다른 사람이 될 거예요."

 나도 모르는 나의 내면을 잘 들여다봤으니 글쓰기를 하고 마무리하면 딱 좋겠는데 이미 끝날 시간이 지나있다. 그럼 이만 수업 돌아보기를 하자는데 아이들이 갑자기 소곤대며 말을 한다.
 "지금 삼촌(H)이 저쪽에서 주무세요. 조용히 말해야 해요." 오, 벌써 배려에 물을 주고 있구나! 그래, 글쓰기보다는 이렇게 사는 게 중요하지. 오늘도 너희들이 나를 가르치는구나. 민트는 내 안의 보석 찾기를 하며 자신에게 필요한 걸 알았구나. 보라도 그렇고. 아, 시도 좋았어? 내가 좋아하는 것을 같이 좋아해 줘서 기쁘다. 빨강이는 동물들이 거울 보고 자기 모습을 알아보는지 알게 됐다고?

 "우리 처음 만난 날 기억해요? 그때랑 지금이랑 우리 많이 달라졌죠?"
 "많이 달라진 거 같아요." 아이들이 웃으며 작은 목소리로 동의한다.
 "첫날, 싸운 것도 기억나죠? 돌아다니고 때리고 욕하고 그랬는데... 솔직히 그날 나 집에 가면서 무슨 생각 했는 줄 알아요? '아, 밥 잘 먹어야겠다' 그랬어요. 오늘 여러분들을 보니까 너무 많이 멋져져서 감격스러워요."

얼굴 보고 수업했더라면 한 번씩 꼭 안아주고 싶은 날이다. 아이들이 정말 알았으면 좋겠다. 자신들이 얼마나 멋지게 앞으로 나아가고 있는지, 얼마나 귀한 보석들을 품고 있는지.

03
나는 내가 정말 좋다

"샘, 저 안 좋은 소식이 있어요." 들어오자마자 보라가 뭔가 심상치 않은 표정으로 말한다. 마음의 준비를 단단히 하고 자세를 고쳐 앉았다. "저 불소했어요." 아... 치과. 큰일이지. 암만. 민트랑 보라랑 나랑 빨강이가 올 때까지 치과에서 겪었던 온갖 경험을 나눈다. 아픈 얘기를 하면서 웃는 건 뭐람. 빨강이가 오고 시작 노래를 부른다. 이 시간 아니더라도 아이들이 이 노래를 흥얼거릴까? 거기 제 이름도 넣어 부를까 잠시 생각을 해본다.

거울 주제 탐구는 나를 관찰해 그려보고, 내 안에 숨어 있는 가능성을 알아보는 데서 더 나아가 나를 존중하는 태도로 흐름이 이어진다. <이름이 똑같은 친구와 나>는 같은 반에 진가현이 있는 윤가현 얘기다. 이야기를 읽어가며 내 삶과 연결해 본다. 아이들은 똑같은 이름을 가진 사람을 만나본 적이 없다 한다. 한 반 인원이 더 많아서였을까, 라떼는 김미경A, 김미경B도 있었고, 큰 정화, 작은 정화가 있기도 했다. 빨강이는 어떤 배우랑 이름이 같아서 그 배우를 아냐고 했더니 모른단다. 그럼 자기랑 이름이 같아서 생기는 어려움 같은 건 느껴보지 못했겠구나. 하긴 나도 이름도 별나서 이름 같은 사람을 만나본 적이 없다.

그럼 친구가 부러웠던 적은? 윤가현은 공부도 잘하고 친구도 많은 진가현이 부럽다. 윤가현이 못 푼 문제를 진가현은 척척 풀어내서 속이 상한다. 그런데 미술 시간만큼은 진가현이 윤가현을 부러워한다. 친구에게 내가 없는 능력이 있다거나 성격이 부럽다거나 하는 경험이 있는지 물었다. 빨강이가 한 명 있긴 있다고 하면서 부러운 점은 말해줄 수가 없다고 한다. 빨강이보다 더 잘하는 게 있는 건 아니고, 조건이 좀 다른 친구여서 부러워하는 것 같아 더 묻지는 않았다. "그런데요, 제가 그 친구가 되면 제가 못 살고요, 그 친구가 제가 되면요, 그 친구가 이상해져요." 하며 웃는다. 이상해진다고? 하하! 난 빨강이를 그렇게 생각해 본 적이 없는데. 부럽다고 다른 존재가 되면 살 수가 없다는 대목은 동의!

살다 보면 남의 떡이 더 커 보이거나 괜히 쪼그라질 때가 있다. 서울로 이사와 옥탑 집에 살 때 겨울에 춥고 여름에는 더웠지만 그게 문제는 아니었다. 그토록 오고 싶었던 서울인지라 시장 냄새도 자동차 소음도 다 좋았다. 그러다 같은 반 친구네 집에 놀러 간 날 정말 충격을 받았던 기억이 난다. 큰 대문을 여니 공원 같은 정원이 나왔고 집이 어마어마 컸다. 심지어 일하는 아주머니가 카스테라를 오븐에 구워주셨다! 그 친구가 진심으로 부러웠고 내가 좀 초라하게 느껴졌다고 말하니 아이들이 그다음에는 안 갔냐고 묻는다. 그 맛있는 간식을 나만 먹을 수 없어 동생들까지 데리고 갔다고 했더니 아이들이 웃는다. 그 카스테라가 정말 맛있었고 나는 뻔뻔했거든!

내 마음을 알아주고 나를 존중해 주는 가장 가까운 사람은 바로 나. 그리고 친구. 그에 걸맞은 그림책 하나를 소개해 준다. 장 자크 상뻬의 <라울 따뷔랭>인데 요새는 <자전거 못 타는 아이>라는 제목으로 출판되는 듯하다. 자전거를 못 타는 따뷔랭이 비밀을 간직한 채 자전거 가게 주인이 되었는데 자전거에 관한 한 그 동네에서는 따뷔랭을 따를 자가 없다. 마을 사람들은 그가 세발자전거를 타고 나타나면 정말 재밌는 사람이라고만 생각한다. 사진작가 피구뉴라는 친구가 따뷔랭이 자전거 타는 모습을 찍고 싶다 하는 바람에 따뷔랭은 못 타는 자전거를 끌고 나서게 된다. 생각해 낸 것이 절벽에 올라가 발만 대고 내려오는 것. 따뷔랭은 절벽에서 붕 날아오른다. 그 장면을 피구뉴가 찍었고 사진이 신문에도 나서 유명해진다. 그렇지만 따뷔랭은 기사에 난 것처럼 자전거를 잘 타서 곡예까지 즐기는 사람이 전혀 아니다. 따뷔랭은 어느 날 용기를 내서 피구뉴에게 자신의 비밀을 털어놓으려 하는데 피구뉴가 먼저 고백을 한다. 그 사진은 놀라서 카메라가 떨어지며 그냥 찍힌 거라고. 따뷔랭도 "사실은… 내가… 자전거를…" 그러면서 둘이 웃는다.

내가 이런 사람이어도 괜찮고, 친구가 그런 사람이어도 괜찮을 때 진짜 탄탄한 우정이 싹튼다. 내가 나를 숨김없이 보여줄 수 있는 사람이 나 말고 딱 한 사람 더 있다면 인생, 그거면 되지 않을까.

친구 이름을 재미나게 다룬 <박진산>이라는 시가 있다. 이제는 어른이 되었을 이창희라는 어린이가 쓴 시인데 이 시를 패러디해서 시를 써보기로 한다. 소재를 주며 시를 쓰자, 하면 막막하지만 다른 사람의 시를 잘 읽어보고 모방해 쓰면 어렵지 않고 재미도 있다.

내 친구 이름은
내 친구 이름은
백두산도 한라산도 아닌
박진산

꼬맹이가 부르는 노래도 유튜브에 있다 하니 들어보잖다. 가사와 멜로디가 쉽고 재미나서 금세 배운다. 내가 먼저 시범을 보였더니 아이들이 친구 이름의 특징을 따서 말놀이 시를 지었다. 그리고 이번엔 '내 이름은/ 내 이름은/ 연두부도 순두부도 아닌/ 연두'처럼 자기 이름으로도 써 본다.

시 짓기에 탄력이 붙은 보라는 쉬는 시간에도 패러디 시를 여러 개 써서 읽어준다. 내 친한 음식은/ 내 친한 음식은… 내가 갈 곳은/ 내가 갈 곳은… 시간만 더 있다면 보라는 시 백 편도 쓸 태세다. 그런 보라를 보는 내 눈은 초승달이 된다.

처음 만나던 날 만들었던 타임캡슐을 꺼내 본다. 절대 열어보지 않기로 한 만큼 지금은 없는 파랑이 것과 내 것도 같이 보육원으로 보냈다. 무엇을 그렸는지는 기억하는 데 무엇을 썼는지는 아이들 기억에 없다. 10개월 전에 그린 자신의 손 위에 지금 손을 포개보던 보라가 탄성을 지른다. "어, 손이 차이가 많이 나요! 글씨체도 달라졌어요." 그새 변한 자신을 마주한다. 그때 썼던 좋아하는 색깔, 음식, 취미, 사람, 책들을 읽어보며 달라진 게 있는지도 이야기를 나눠본다. 민트는 친구 여섯 명 중에 세 명은 계속 친하고 나머지는 멀어졌다고 하고, 빨강이는 좋아하는 책이 바뀌었단다. 색연필로 작년의 손 위에 다시 올해 손을 그려본다. 잘 가지고 있다가 또 1년 뒤에 또 다른 색깔로 손을 그려보기로 했다.

그리고는 책방 수업을 10개월 동안 잘 끝낸 자신에게 고마운 마음을 전하는 편지를 쓰기로 한다. 책방 수업을 하면서 달라진 점을 격려하고 나의 앞날을 응원하는 내용으로 편지를 쓰자고 제안하니 아이들이 곧장 코를 박고 쓴다.

책방 수업이 끝나가네. 넌 참 고마운 아이인 거 같아. 너는 주제 탐구를 하며 더욱 열심히 해왔어. 하지만 코로나 때문에 연두 샘을 만나지 못했지. 그래도 언제까지 연두 샘을 뵐 수 있는 날이 있겠지. 끝나가지만 앞으로 더욱더 힘내.

보라가 자신에게 쓴 편지다. 민트도 10개월 동안 잘 해줘서 고마웠다고, 한 번 더 남았으니 열심히 노력해 보자고 썼고, 빨강이는 자신에게 힘내라며 이제는 때리면 안 된다고 썼다. 지금은 그런 행동을 하지 않게 되었으니 그 점을 격려해 주는 게 좋겠다고 의견을 냈다. 빨강이는 '글을 고치는 대신에 연두샘을 그려주겠다'고 한다. 대신에? 하하! 잘도 피해 간다.

'나는 내가 정말 좋다' 문장으로 8박자 박수 놀이를 한다. 처음엔 한 음절 말하고 박수 한 번 치고, 그다음엔 두 음절, 네 음절, 여덟 음절씩 하고 박수도 그만큼 늘어난다. 방법을 알려 주고 각자 연습한 다음 함께 해본다. 딱 한 번에 성공한 팀은 여태 없었다고 말하니까 자기들은 할 수 있다며 의지가 하늘을 뚫는다. 이걸 자부심 박수라고 이름 붙이고 "자부심 박수 준비!"하면 "얍!"하고 시작. 오오오, 한 번에 성공! 놀랍다, 어디서 해봤냐, 미리 연습한 거 아니냐 물으니 아이들은 까르르 넘어간다. 10박자 놀이도 만들어 달라나? 몇 번이나 다시 하고 싶어 한다. 이렇게 놀면서 아이들이 주문을 외고 있다. 나는 내가 정말 좋다고.

오늘 수업 돌아보기에서 보라는 역시 <박진산> 시 쓰기가 가장 즐거웠다고 한다. 민트는 따뷔랭 이야기와 타임캡슐 열어본 것을 꼽았고 빨강이는 연두 그린 게 제일 기억에 남는단다. 아이쿠, 수업 내용이랑 상관있는 걸로 하지. 하기사 그럼 좀 어때? 어디 보자. 오, 마음에 들어. 프로필 사진으로 써야겠다.

04
파랑이도 끼워주고 싶어서

　민트가 그림을 그려왔다! 처음엔 안 내놓더니 보라가 "민트가 연두 샘께 뭐 보여줄 게 있대요."하고 운을 떼자 화면에 비춰준다. 빨강이, 보랑 함께 물놀이하는 그림인데 얼마 전에 한 캠프 때를 떠올리며 그린 모양이다. 같이 물놀이했으면 좋았겠다 했더니 한편에 나도 그려 넣는다. 어린이처럼 그려줘서 썩 맘에 든다. 책방 수업이 끝나도 민트는 그림을 쭉 그렸으면 좋겠고, 보라는 시를 썼으면 좋겠다고 슬며시 말을 해본다. 둘이 고개를 끄덕인다.

　첫날도 그랬는데 마지막 수업도 보라랑 민트 둘이 먼저 왔다. 첫날은

대면, 마지막 날은 비대면이라는 점은 다르지만. 수술했던 팔을 보러 병원에 간 빨강이를 기다리며 <예쁘지 않은 꽃은 없다>를 부른다. 수업이 끝나도 이 노래를 들으면 책방 수업이 생각나겠지. 빨강이는 주제 탐구 전체 돌아보기 시작할 때 들어왔다. 머리를 짧게 다듬어서 시원해 보인다.

그동안 했던 주제를 보라가 순서대로 잘 기억하고 있다. '시간 속에 있는 나부터 시작해서 초콜릿으로 세상과 나를 연결하는 감각을 탐구했지. 쌀, 불, 점, 나무, 시장으로 세상을 두루 살펴보고 별까지 나갔다가 다시 거울로 돌아와서 나의 세계를 들여다보고 어떻게 세상하고 연결돼 있는지 탐구했어.' 우리의 10개월 동안의 여정을 아이들과 이렇게 정리해 보고 준비해 간 사진들을 보며 우리가 했던 수업을 하나하나 떠올려 본다. 아이들이 화면에 코를 박고 사진 해설을 한다.

* 아, 저기는 도서관이야. 파랑이도 있네!
* 쉬는 시간에 숨바꼭질하는 사진은 없어요?
* 이야기 치마는 몇 번 써보지도 못했네요.
* 우리가 만든 메뉴 이름 뭐였더라요?

자기들 모습과 작품이 나오는 사진을 유심히 보며 감탄과 질문을 퍼붓는다. 클레이로 만든 분식 이름이 재미났는데 기억이 안 난다. 이따 쉬는 시간에 찾아보고 알려주겠다고 약속하고 다음 사진으로 넘어간다.

* 카카오... 뭐더라? 아, 카카오닙스!
* 초코파이 똥이다!
* 게임에서 힘을 얻고 그 힘으로 게임을 한대. 하하하!
* 불 캐릭터 만든 거다.
* 물질섞기 게임 사진은 없어요?
* 흉내문어다!
* 저 나무 학교 가는 길에 맨날 봐요.
* 그렇다고 치자나무는 누가 그린 거예요?
* 꽈배기 맛있었는데...
* 저 때 연두는 머리 잘랐네요. 전 팔이 아팠어요.
* 별도 접고 고무줄 별도 만들었잖아요. 제가 가르쳐줬죠?
* 저 때 재미있었는데...

<저녁별> 가사가 있는 사진을 띄우자 빨강이가 어렴풋이 음을 잡고 노래를 한다. 중간에 생각이 안 나니까 지어서 부르는데 타령이다. 별 타령. 노래도 하고 시도 다시 읽고 8박자 박수도 다시 쳐가며 천천히

우리가 했던 수업을 더듬어 보는데 아이들 표정이 참 좋다.

"우리가 세상 속에 살잖아요. 우린 주제 탐구를 배운 사람이에요. 글을 읽고 쓰고 그림을 그리고 만들기도 하고 때로는 영상도 보고 노래도 부르고 퀴즈를 풀고 야외활동도 했죠. 무엇을 이렇게 여러 방면으로 깊이 탐구해 본 사람의 그다음 인생은 분명히 달라질 거예요. 앞으로 나와 세상에 호기심을 가지고 자신 있게 쭉쭉 펼쳐나가 봅시다."

이렇게 정리를 하고 긴 호흡으로 읽은 책들도 떠올려 본 다음 <물 만난 고기>를 읽는다. 이 말이 어떤 뜻일까 상상을 해보자니까 보라가 죽을 거 같다고 한다. 응? 가만 더 들어보니 물고기가 아니라 고기라 해서 생긴 일. 빨강이도 물고기라고 해야지, 왜 그냥 고기라고 하냐며 보라 역성을 든다. 그러네. 요새는 물고기를 고기라 하지 않고 대체로 육고기를 고기라고 하니까 오해할 만하다. 하지만 고기는 원래 물고기, 육고기를 다 아우르는 말이라고 진득하니 설명을 해준다.

"그럼 고기는 물 없으면 못 살아요." 휴우, 이제야 돌아왔다. 그렇게 생생하게 활동하기 좋은 환경을 만난 상태를 물 만난 고기라 한다고 알려주고 본문을 읽는다. 여러분은 언제가 물 만난 고기 같냐, 내가 볼 때는 책방 수업에 오면 물 만난 고기 같더라고 했다. 아이들이 웃는다. 빨강이는 컴퓨터 앞에 앉으면, 보라는 공원에서 뛰어놀 때 확실히 신나지. 민트는? 집에 돌아가면 물 만난 고기가 된단다. 밖에서 수줍은 민트는 집이 물이구나. 좋다.

여러분이 물 만난 고기처럼 살았으면 좋겠다며 이어서 그림으로 된 텍스트 <혼자가 아니야>를 펼쳤다. 우리가 다 아는 이야기, 상어에게 잡아먹힐 뻔한 물고기를 친구, 동료들이 떼로 더 큰 물고기 모양을 만들어 상어를 쫓아버리는 이야기다. 우선 주인공 물고기에게 이름을 붙여보자고 제안한다. 고심 끝에 보라는 모모. 민트는 민트라고 지었다. 빨강이는 ○○(파랑이 이름)! 순간 마음 한구석이 뜨듯하고 환해지며 파랑이 보고 싶다는 말이 절로 나왔다. "다섯이었다가 지금 넷이니까 파랑이도 끼워주고 싶어서."라고 물고기 이름을 파랑이 이름으로 한 이유를 설명한다.

이거면 되지 않을까? 사람이 배워야 할 수만 가지 지식과 행동 양식 중에 다 쳐내고 딱 한 가지만 남기라면 '관심'이라고 생각한 적이 있다. 관심은 사랑으로, 배움으로, 연대로 이어지는 출발점이 아닐까. 정말 하산을 해도 좋겠구나. 하하!

<혼자가 아니야> 그림 밑에 쓰여있는 지문에 답을 해가며 이야기를

풀어나간다.

　＊ 꽃게가 놀라네. 왜 놀랐을까?

　＊ 이상한 게 보이니까요. 그림자 얼굴 같은 게 있어서.

민트는 글보다 그림을 볼 때 정보를 더 잘 받아들이는 게 분명하고 그럴 때 입도 더 잘 연다. 가만 보니 빨강이가 책에 일일이 답을 쓰고 있다. 보라야 원래 그랬지만 지난날의 빨강이를 안다면 놀랠 일이다. 상어가 나타나면 도망가냐, 맞서 싸우냐, 내 편으로 만드냐 토론도 하고 무서울 때는 언제인지 이야기도 나눈다. 빨강이가 혼날 때 무섭다고 했다. 많이 혼나는데 여전히 무섭다고. 나도 나도. 혼나는 것, 혼내는 것, 혼나는 걸 보는 것 다 싫고 무서워. 혼내지 않고 스스로 깨달을 수 있게 알려 주면 좋을 텐데 말이야.

'모모', '민트', '파랑이'처럼 위험할 때, 힘들 때 주변 사람들의 도움을 받으며 나도 또 도움을 주면서 그렇게 살아가자고 하고 쉬는 시간을 가졌다.

첫 시간에 했던 자아효능감 검사를 해야 하는데 빨강이가 뿔이 잔뜩 났다. 쉬는 시간에 일이 있었다. 동전 초콜릿 보내준 것을 H가 서로 다르게 나눠줬던 것. H로서는 아이들과 미리 약속을 하고 그리 한 것이니 내가 끼어들기도 애매하다. 보라가 '물 만난 고기 같던 빨강이가 물 없어진 빨강이가 되었다'고 웃겨봤지만 소용이 없다. 그래도 할 건 다 한다.

이제 마지막으로 롤링 페이퍼를 쓸 시간. 동전 초콜릿과 함께 아이들에게 하고 싶은 말을 쓴 롤링 페이퍼를 미리 보육원에 가져다 두었다. H 것까지 다섯 장을 돌아가며 쓰자니 아이들이 내가 쓴 것을 읽어보기도 하고 무얼 쓸지 골똘히 생각한다. 함께한 우리 모두에게 고마움을 표현해도, 성장한 책방 친구들에게 격려를 해주어도, 앞으로 살아갈 날에 축복의 말을 해주어도 좋겠다고 하자 민트가 먼저 쓰기 시작한다.

사뭇 진지하다. 지우개도 빌려 가며, 빨강이 앞에 자꾸 쌓인다고 독려도 하고, 연두 샘처럼 길게 썼다고 자랑도 해가며 쓴다. 짧은 편지를 쓰며 빨강이 기분도 풀렸다.
"쓰면서 들으세요. 쉬는 시간에 찾아봤더니 그 클레이로 만든 음식 이름이 '아이스라떡볶이'와 '떡면파아이쿠'였어요."
"네? 뭐라고요?"
빨강이가 처음 듣는 것처럼 깜짝 놀란다. 그러더니 재미있는 이름이라고 자화자찬을 한다. 나중에 커서 혹시 가게를 내면 꼭 이 메뉴를 만들어 달라고, 내가 단골이 되겠다고 했더니 모두 웃는다.

 다 쓴 다음 자기 종이가 돌아오자 아이들이 조용히 읽어본다. 내 것은 H가 사진을 찍어 보내주셨다. 민트가 책을 많이 읽어주셔서, 마지막 시간까지 많이 준비해 주셔서 고맙단다. 연두 샘이 직접 왔을 때 정말 기뻤다고, 사랑한다고도 적었다. 나도 그래. 빨강이는 책방을 해주셔서 고맙다고 써 줬고 보라는 내 수고를 고마워하며 숨바꼭질한 거 기억나냐고, 책 읽으면서 재미있었다고, 다시 또 하고 싶다고, 코로나 때문에 화상수업으로 해서 힘들다고, 다시 만나자고 꼭꼭 눌러썼다.

 자기가 받은 종이에서 마음에 남는 문장이 있으면 서로 이야기해 보자 했더니 다 내가 써 보낸 것을 고른다. 보라는 '책방 수업을 기다렸던 이유의 절반은 보라 네 덕분이란다. 너의 놀라운 성장을 보며 연두도 덩달아 뿌듯했어.'를 골랐고, 민트는 '책방 수업에서 민트는 말수가 적었지만 때때로 놀라울 정도로 상황이나 글의 내용을 잘 파악하는 면모를 보였어. 전우치를 진짜 전우치처럼 읽었고 멋진 그림을 그려내기도 했지.'를, 빨강이는 '매 시간마다 이야기를 잘 나눠줘서 책방 수업이 신나고 풍성해졌어. 고마워.'를 읽었다.

그리고 '내 안의 보물찾기'에서 사용했던 버츄 카드를 한 장씩 골라 선물로 주었다. 민트에게는 열정을, 빨강이에게는 화합을, 보라에게는 확신을 보냈다. 내가 민트, 빨강이, 보라에게서 발견한 것들이다. 잘 간직하고 필요할 때 꺼내서 잘 쓰라고 당부했다.

'나는 내가 정말 좋다' 8박자 박수를 할 계획이었다고 하니까 아이들이 다시 한번 더 하자고 한다. 여느 때보다 큰 목소리로 한 번에 깔끔하게 해내고 마지막 활동 돌아보기를 한다. 보라가 먼저 말하고 싶어 한다. 더 이상 안 해서 아쉽고 다음에 할 수 있는 기회가 있다면 또 하고 싶다고, 그때는 물 주제 탐구를 해보고 싶다고 말한다. 빨강이는 물질섞기 게임 더 하고 싶었는데 못해서 아쉽다며 링크 주소를 꼭 다시 알려 달라고 한다. 하하! 민트는 책방이 도움이 됐다고 수줍게 말한다. 나도 책방 친구들을 만나 얼마나 고맙고 행복했는지 다시 말해준다. 수업 마무리로 늘 했던 자기 격려도 오늘은 격렬하게 하고, 고맙다는 인사도 진하게 해본다.

빨강이, 보라, 민트, 그리고 파랑이 안녕!

아이들이 돌아갔나 싶었는데 빈 화면에 빨강이 얼굴이 훅 나타난다.

"연두 샘, 물질섞기 게임 주소 알려주세요."

눈을 반짝이며 공책을 펴고 있다. 받아적을 만반의 태세가 끝난 모습이다.

"채팅창을 여세요. 거기 적어 뒀어."

알파벳 하나하나를 정확하게 쓰려고 눈에 힘이 들어가 있다. 그런 빨강이를 보고 있자니 입꼬리가 올라간다.

에필로그

마음껏 멋짐을 펼칠 수 있는 세상

　나머지 공부를 한 적이 있다. 선생님이 구구단을 다 왼 사람 손들라시길래 손을 들었다. 네 명 중 세 번째로 자리에서 일어나 구구단을 외다가 '7×8'에서 막혔다.

　"칠팔에... 칠팔에... 칠팔에 오십육!"

　더듬거리다 겨우 이어 나갔지만 선생님께 꾸중을 들었다. 다 외지도 않았는데 왜 손을 들었냐고. 막힘없이 줄줄 나올 때까지 나머지 공부를 하라셨다. 학교 끝나고 남은 아이들은 변소 옆에서 구구단을 외웠다. 검사를 맡으러 간 아이들이 다시 돌아오거나 사라졌다. 해가 뉘엿뉘엿해질 때까지 나는 구구단을 외지도, 검사를 받으러 가지도 않았다. 2학년 때였는데 아직도 그날을 생생하게 기억한다.

    그 뒤로 나는 학교가 편치 않았다. 학교 밖에서는 밝았지만 학교만 가면 딱딱하게 굳었다. 실수할까 봐 고개를 숙이고, 실패할까 봐 도전하지 않았다. 그와 동시에 나는 속으로 반항심을 키워갔던 듯하다. 온전히 순응하지도 대놓고 반항하지도 못한 채 어정쩡한 학창 시절을 보냈다. 그래서일까, 나는 적응이 어려운 사람, 비전형적인 사람, 억울한 사람에게 자꾸 눈이 간다.

    피치마켓에서 보육원 아이들을 위한 교육과정을 함께 짜보자는 제안을 받았을 때 꼭 내게 올 일이 왔다고 생각했다. 잘할 자신이 있어서라기보다 관심 있는 일이기 때문이었다. 대안학교에서 다양한 아이들을 만나본 경험과 동료 교사들과 함께 교육과정을 만들어본 경험도 용기를 주었다. 보육원에서 자라는 아이들뿐 아니라 교실에는 다양한 학생들이 있다. 바르게 앉아 이야기를 잘 듣고 과제를 척척 해내며 친구들하고도 편안하게 지내는 학생들이 인정받는 동안, 그렇지 못한 학생들은 점점 쪼그라들어 숨거나 엇나간다. 부러 그러는 것이 아니다. 모든 행동에는 이유가 있고, 누구나 해내고 싶어 하며 사랑받고 싶어 한다. 이것이 책방 수업을 시작한 이유이자 바탕이었다.

이 에세이는 파랑이, 빨강이, 보라, 민트 네 아이를 만나는 동안 썼다. 2020년 가을부터 2021년 여름까지 사계절을 만났다. 36개의 글 대부분이 아이들을 만나고 온 날 쓴 것이다. 수업에서 있었던 일과 나누었던 이야기가 날아갈까 봐 수업이 끝나자마자 노트북을 켜곤 했다. 한때 교사였고 지금은 활동가인 나는 역시 아이들을 만날 때 충전이 되나 보다. 아이들이 보내는 신호와 쏟아낸 말을 주워 담는 일은 농부의 가을걷이처럼 기뻤다.

　그렇게 기록한 글을 책으로 엮는 데 시간이 좀 걸렸다. 나처럼 시행착오를 겪으며 아이들을 만난 사람의 이야기가 세상에 쓸모 있을까 망설여졌다. 그러나 바로 그런 이유로 책을 내기로 했다. 이런 사람의 말에도 귀 기울이는 사람이 분명히 있을 거라고 믿었다. 그래서 이 책을 읽은 이가 어떤 사람일까 궁금하다. 어디서 무엇을 하는 분이든 책을 읽고 나서 주변에 존재하는 다양한 사람들, 더듬더듬 알아가는 사람, 차츰차츰 배우는 사람을 더 잘 이해할 수 있기를 바란다. 또 교실에서, 일상에서 도움이 될 만한 것을 건져내 활용해 보는 분이 있다면 더 바랄 게 없겠다.

　올여름엔 공교육에서 벌어진 여러 가지 일들로 세상이 떠들썩했다. 교사와 학생, 부모 사이에 벌어진 사건들을 해석하고 해결하는 과정에 어려운 행동을 하는 학생들을 돕기 위한 해결책은 없어 보인다. 오히려 장애 학생을 포함해 다양한 어려움을 호소하는 학생을 분리의 대상, 혐오의 대상으로 몰아가고 있는 형국이다. 문제를 만나 해결하고 서로 알아가며 이해하는 힘을 키우는 데가 학교인데 문제를 일으키면 배제부터 시킨다니. 이런 주장을 거침없이 하는 세상에서 책방 친구들이 살아가야 할 텐데 싶어 아찔하고 아득하다.

 서로를 경계하고 탓하는 세상에서 어떻게 아이들이 멋짐을 보여줄 수 있을까? 호랑이가 물어가도 정신만 바짝 차리면 된다고, 그러니까 물리지 않게 잘하라고 가르치면 될까? 말 잘 듣고 공부 잘하는 아이들만 존중받는 게 현실이니 너희도 그 대열에 들어가라고 해야 할까? 나는 어린이들에게 그런 세계에 적응하며 살라고도, 적응하지 말라고도 할 수가 없어 미안하기만 하다. 그래도 이런 세상을 포기할 수는 없다. 눈을 반짝이며 다음 이야기를 궁금해하는 아이들이 있으니까. 그리고 학생 한 명 한 명 귀히 여기며 가르치는 선생님들도 있고 이 시간에도 차별과 맞서 싸우는 이들이 있으니까. 그러고 보니 교사와 활동가는 세상을 변화시키는 사람들이지 싶다. 좀 못해도, 부모가 없어도, 때로는 선을 넘어도 배울 기회가 주어지는 세상, 아이들이 자신의 멋짐을 마음껏 펼칠 수 있는 세상을 만들어 가는 사람들.

책방 아이들이 발견한 것처럼 한 끼의 밥상에는 수많은 이들의 손길이 닿아있다. 이 책도 그렇다. 그 이야기를 다 쓰려면 책 한 권을 또 써야 하니 여기서는 몇 분에게만 인사를 한다. 책방 수업 교육과정을 함께 궁리하고 만들어 준 피치마켓 수희 님, 자홍 님, 주성 님, 그리고 꼼꼼하게 글과 그림을 봐주신 선호 님께 고마움 한 다발씩 보낸다. 나 혼자 남몰래 동지라고 생각하고 있는 이종필, 김현수 두 선생님의 추천사를 싣게 되어 영광이다. 두 분 같은 어른이 곁에 있다면 아이들이 날개를 쭉 펴고 날 수 있을 것만 같다. 매주 정성스레 글을 읽어 준 수연과 피드백해 준 단미에게도 고마움을 전한다. 평생 이래라저래라 훈수 두지 않고 나를 믿고 지지해 주신 엄마 옥구슬께 가장 먼저 이 책을 드리고 싶다.

  누구보다 이 여정을 함께한 책방 친구들 파랑이, 빨강이, 보라, 민트와 훌륭한 조력자 H에게 고맙다. 그들의 발걸음을 따라가며 미처 못 보던 세계를 만났고, 그들 덕에 어린 나를 꺼내 위로하기도 했다. 우리가 만났던 시간이 거름이 되었기를! 다 잊어도 좋은데 가끔 자기 머리 쓰다듬으며 수고했다, 고맙다 말해주기를!

2023년 초겨울에
연두

에필로그